大家小书

金石书画漫谈

启功 著
赵仁珪 编

北京出版集团公司
北京出版社

图书在版编目（CIP）数据

金石书画漫谈 / 启功著；赵仁珪编. — 北京 ：北京出版社，2016. 7（2024.7重印）
（大家小书）
ISBN 978-7-200-12009-7

Ⅰ. ①金… Ⅱ. ①启… ②赵… Ⅲ. ①金石学—中国—文集②书画艺术—中国—文集 Ⅳ.①K877. 24-53 ②J212-53

中国版本图书馆CIP数据核字（2016）第064963号

总策划：安　东　高立志　　责任编辑：王忠波

· 大家小书 ·

金石书画漫谈

JINSHI SHUHUA MANTAN

启功　著　赵仁珪　编

*

北京出版集团公司
北　京　出　版　社　出版
（北京北三环中路6号　邮政编码：100120）

网　址：www.bph.com.cn
北京出版集团公司总发行
新华书店经销
北京华联印刷有限公司印刷

*

880毫米×1230毫米　32开本　9. 5印张　162千字
2016年7月第1版　2024年7月第5次印刷

ISBN 978-7-200-12009-7

定价：56.00元

质量监督电话：010-58572393

振方同志留念
一九七九年元月
启功画

窥园图

启功

三十六陂人未到水佩風裳無數
丁亥冬日用昭賢淡雅之筆寫白石詞意
啓功

立身苦被浮名累
涉世無如本色難
啓功

書田菽粟饒真味
心地芝蘭有異香
啓功

蘭馨
竹茂
坚净翁

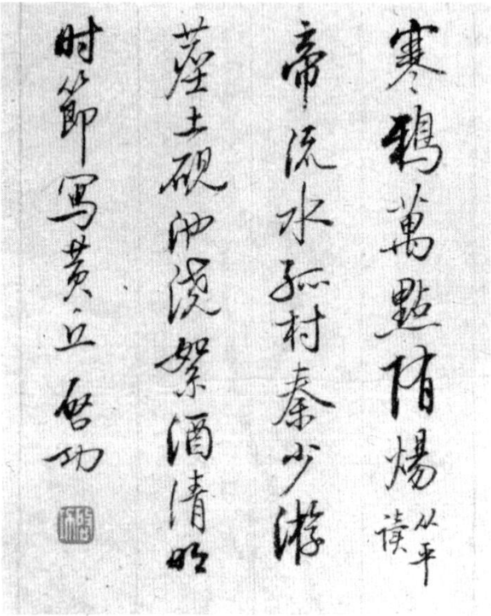
寒鴉萬點隋煬帝
流水孤村秦少游
从平读
啓功

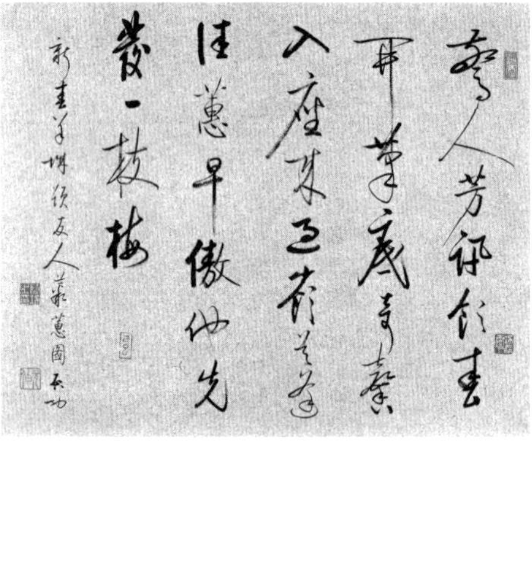

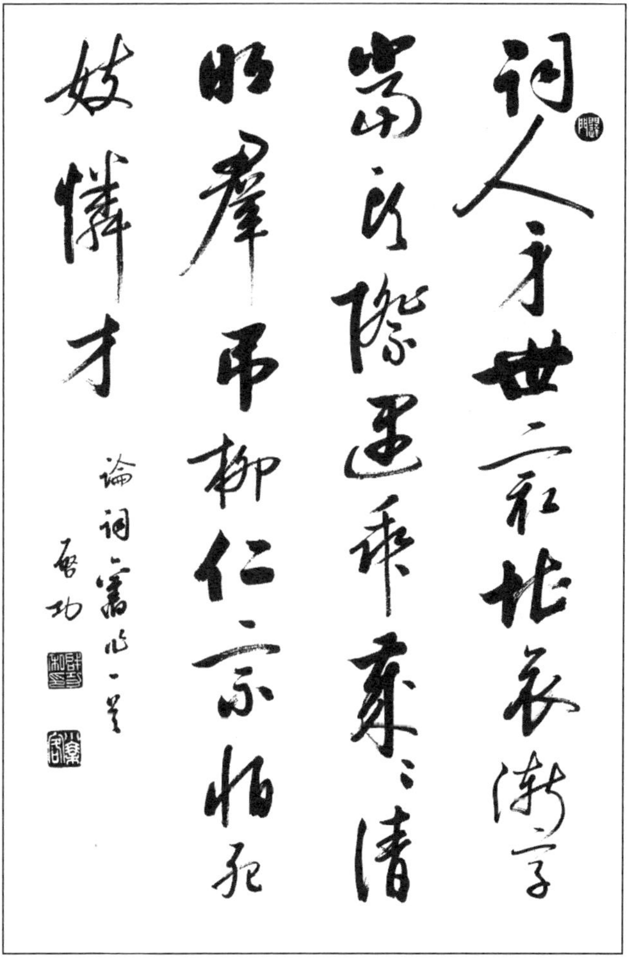
启功

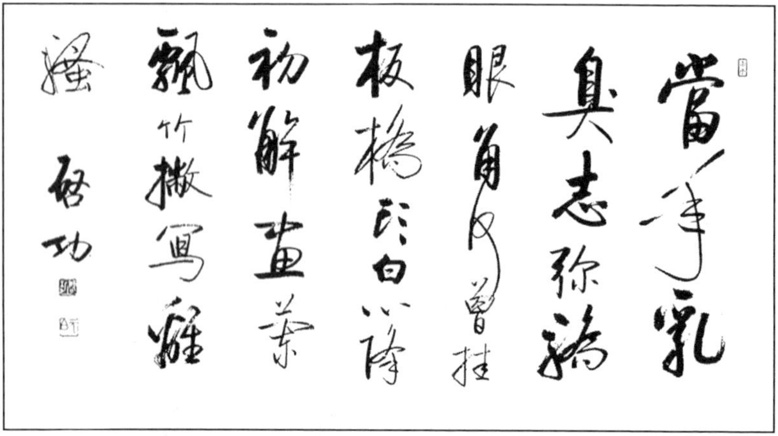
啓功

十六

丹丘復古不乖時，波磔翩翩似竹枝。想見承平文物盛，奎章閣下寫宫詞。

十七

疏越朱絃久寂寥，陵夷以法忘煩囂。論書寧下迂翁拜，古淡風姿近六朝。

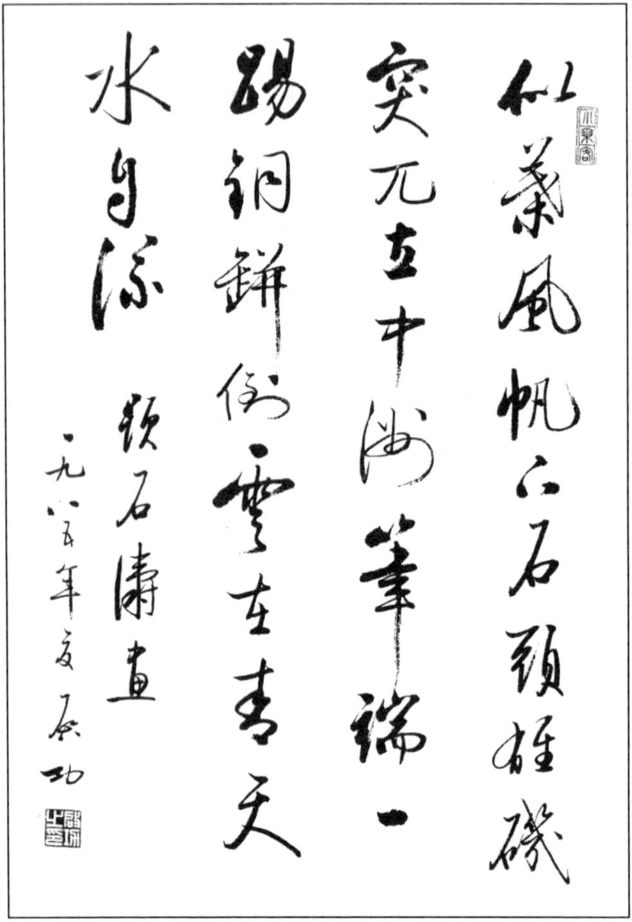

题石涛画
一九八五年夏 启功

劍外忽傳收薊北初聞涕淚滿衣裳却看妻子愁何在漫卷詩書喜欲狂白日放歌須縱酒青春作伴好還鄉即從巴峽穿巫峽便下襄陽向洛陽

 功在禹下	 启功之印	 长庆
 元白	 启功	 元白词翰
 浮光掠影楼	 启功	 简靖堂
 闾里书师	 珠申	 启功

序　言

袁行霈

“大家小书”，是一个很俏皮的名称。此所谓“大家”，包括两方面的含义：一、书的作者是大家；二、书是写给大家看的，是大家的读物。所谓“小书”者，只是就其篇幅而言，篇幅显得小一些罢了。若论学术性则不但不轻，有些倒是相当重。其实，篇幅大小也是相对的，一部书十万字，在今天的印刷条件下，似乎算小书，若在老子、孔子的时代，又何尝就小呢？

编辑这套丛书，有一个用意就是节省读者的时间，让读者在较短的时间内获得较多的知识。在信息爆炸的时代，人们要学的东西太多了。补习，遂成为经常的需要。如果不善于补习，东抓一把，西抓一把，今天补这，明天补那，效果未必很好。如果把读书当成吃补药，还会失去读书时应有的那份从容和快乐。这套丛书每本的篇幅都小，读者即使细细地阅读慢慢地体味，也花不了多少时间，可以充分享受读书的乐趣。如果把它们当成补药来吃也行，剂量小，吃起来方便，消化起来也容易。

我们还有一个用意，就是想做一点文化积累的工作。把那些经过时间考验的、读者认同的著作，搜集到一起印刷出版，使之不至于泯没。有些书曾经畅销一时，但现在已经不容易得到；有些书当时或许没有引起很多人注意，但时间证明它们价值不菲。这两类书都需要挖掘出来，让它们重现光芒。科技类的图书偏重实用，一过时就不会有太多读者了，除了研究科技史的人还要用到之外。人文科学则不然，有许多书是常读常新的。然而，这套丛书也不都是旧书的重版，我们也想请一些著名的学者新写一些学术性和普及性兼备的小书，以满足读者日益增长的需求。

“大家小书”的开本不大，读者可以揣进衣兜里，随时随地掏出来读上几页。在路边等人的时候，在排队买戏票的时候，在车上、在公园里，都可以读。这样的读者多了，会为社会增添一些文化的色彩和学习的气氛，岂不是一件好事吗？

“大家小书”出版在即，出版社同志命我撰序说明原委。既然这套丛书标示书之小，序言当然也应以短小为宜。该说的都说了，就此搁笔吧。

前　言

赵仁珪

启功先生的书画是当代中国书画宝库中的珍品，具有极高的艺术造诣和审美价值，深受广大群众的喜爱。那么如何才能更真实、更深入地走进启功先生的书画世界，更好地欣赏这些作品呢？

首先我们要从准确而细致地观摩、研读启先生书画作品本身入手。启先生风靡海内外的“启体”书法，是在长期学习传统书法的功底上逐步渗入自家风格之后形成的。他在《论书绝句》中曾历数自己临学古人碑帖的经历：“廿余岁，得赵书《胆巴碑》，大好之，习之略久……时方学画，稍可成图，而题署板滞，不成行款，乃学董香光，虽得行气而骨力全无。既假得上虞罗氏精印宋拓《九成宫》碑，乃逐字以蜡纸勾拓而影摹之。……其后杂临碑帖与夫历代名家墨迹，以习智永千文墨迹为最久，功亦最勤。……又临《玄秘塔》若干通。”

可以说启先生一生都在不断地临帖，真可谓活到老、学到老。在此基础上，最终形成了外柔内刚、自然洒脱、清隽儒雅而妩媚华美的“启体”。而我们又可以用“结字大师”和“细节大师”这两大特点来概括“启体”的诸多特征。赵孟頫曾云：“书法以用笔为上，而结字亦须用功。”师法古人又不迷信古人的启先生将其修改为“书法以结字为上，而用笔亦须用功”。可见他对结字的重视程度。而在观赏启先生书法时也确能明显地感受到这一点：主笔突出，走势飘逸，挥洒不羁，很好地谐调了字体的欹正、主次、虚实间的关系，使字形变得更灵动飞舞、赏心悦目。启先生在辅导别人书法时，最常强调的是要把笔与笔之间的细节关系交代清楚。他自己的书法也总能把点画之间的呼应连接、间架结构的来龙去脉交代得十分到位，把粗细、轻重、虚实等不同的笔画完美地组合在一起，在细节中体现出深厚的功力。启先生的画也有类似的特点。他自幼习画，稍长，又正式拜贾羲民、吴镜汀、齐白石为师，受过正规的绘画训练，临摹过大量的古代名画。特别是吴镜汀先生，堪称绘画技法大师，能将很多古代绘画大师的技法笔墨的元素分析拆解到极细微处，并细致地讲解、示范给启先生。所以启先生的画也极见传统的功力，勾勒皴染，无一笔不见功力，空灵淡雅之中，颇饶秀丽超逸之美。山水画层次丰富，意境高远，竹石画韵味醇厚，灵动婀娜，与其书法具有同样的美学风格。本书虽不是启先生书画作品的选集，但细观所选的有限作品，我们也能约略领会到启先生书画作品的一些基本特色。

然而，“功夫在诗外”，要想更深入地走进启先生的书画世界、更本质地领略启先生的创作精髓，还须超越纸面笔墨的局限，走进他的心灵世界，去探求启先生的学养、气质、品格。众所周知，诗品即人品。同理，字品和画品也来自人品。字写到最后，画画到最后，比的不单纯是笔墨、技法，而是学养积蕴的深厚，艺术气质的高下，性情品格的优劣。这一点于认识启先生尤为重要，而本书的编选目的也正缘于此：通过所选的文章引导读者更好地走进启先生，帮助读者认识启先生的书画为什么能体现出如此博大精深的境界，能如此地风靡天下，雅俗共赏，历久弥新。原来这都源于他有深厚的学养、艺术家的气质和令人敬仰的品格。

古人云：“观千剑而后识器。”启先生自幼受到良好的文化教育，书画方面除拜贾羲民、吴镜汀、齐白石等人为师外，还得到溥心畬、溥雪斋、张伯英、沈尹默等人的亲传。学术方面初受教于戴姜福先生，后追随史学大师陈垣先生终身。这样的教育背景和学术氛围真可谓得天独厚，无与伦比。而后启先生又长期从事书画研究和学术研究，在古代文学、文献学、文字学、考据学、书画鉴定学、佛学、红学等方面都取得杰出的成就，著作斐然，并能以其深厚的学识荣任中央文史研究馆馆长、全国文物鉴定委员会主任委员等职。所以他的书画作品带有与天俱来的书卷气、文人气，功力深厚、气度非凡、风格儒雅。非但如此，他还能把学者的修养与艺术家、诗人的气质结合在一起，能将学术艺术化，艺术学术化。东坡曾以“诗中有画，画中有诗”来称赞王维，而此语放在启先生身上亦非常合适，他是中国历史上为数不多的能将诗、书、画三绝集一身的人。启先生又是性情中人，对生活和周围所有的人都充满挚爱，深具儒家仁者的胸怀和佛家大德的品格修养，并能将人之真性情和艺术的审美与学术的睿智完美地结合在一起，超越功利的驱使和世俗的偏见，进退裕如，躁释矜平，进而达到一种纯艺术的境地。所以他笔下的艺术境界、美感生成总能那样优游不迫、从容潇洒、温文尔雅地表现出来，用不着任何的造作和矫情。辛弃疾咏山的名句曰：“似谢家子弟，衣冠磊落；相如庭户，车骑雍容。我觉期间，雄深雅健，如对文章太史公。”此正可作为启先生书画艺术风格及其何以臻此的写照。

更可贵的是启先生自己对这一问题早有深刻的论述。如《谈诗书画的关系》云：“我认为诗与画是同胞兄弟，它们有一个共同的母亲，即是生活。具体些说，即是它们都来自生活中的环境、感情等等，都有美的要求、有动人力量的要求等等。……这些诗人画家所画的画，所写的字，所题的诗，其中都具有作者的灵魂、人格、学养。纸上所表现出的艺能，不过是他们灵魂、人格、学养升华后的反应而已。”类似这样的深刻论述，所在多是，它们不但可以引导我们走进启先生的书画世界，而且可以帮助我们走向更广阔的艺术世界。

“大家小书”是北京出版社的品牌丛书，启先生自然是“大家”，而他的著作恰恰又有这样的特点，即从来没有动辄数十万、上百万的大部头著作，而都是短小精悍的“小”文章，所以从启先生的著作中选取一些内容相对集中的文章，作为“大家小书”中的一种，实在是一种明智的选择，对此不能不对出版社表示感谢和敬意。

2010年11月5日于北师大土水斋

目　录

书法入门二讲

第一讲　入门须知

不管从事什么工作，都须先对它有一个正确的认识，学习书法、欣赏书法当然也如此，这似乎是一个无须多言的话题。但是这里面有许多看似简单的问题实际并不简单，看似不成为问题，实则大有问题。特别是有些“理论”、“观点”是自古传下来的，有很多还是出于权威的书法家、书法理论家之口，看似是金科玉律，颇能唬人，其实大谬不然，必须正名。否则必将被这些貌似权威的理论所欺，走入歧途。

（一）书法的特点和特殊功能

这里所说的书法指汉字书法。字是记录语言的，而汉字又是由象形等等的方块字组成的，较之其他文字最具有图画性，因而它才能形成所谓书法这一门艺术。作为文字，它有它基本的功能，即以书面的符号形式把语言词汇记录下来给人看。这时文字就代表了语言，书面的功能就代表了口头的功能。比如在古代，你要与远方的朋友交流，就不能靠语言，因为他听不到，所以只能通过写信靠文字传达。又比如古人要与后人交流，也不能靠语言，因为它不能保留，所以也只能把它们转变为能长期保留的文字符号。这是文字的一般功能和普通功能。

但文字，特别是汉字还有它的特殊功能，即它能非常鲜明地反映书写者的个性。比如某甲所写的字就代表了某甲的个性，具备某甲的特点，而某乙所写的字就代表了某乙的个性，具备某乙的特点。二者决不会混同，即使互相仿效也决不会完全相同。比如某乙学某甲的签名，虽然写的同是一个“甲”字，但写出来的效果总与某甲写的“甲”字不同。这是为什么呢？因为文字只要是由人拿起笔写出来而不是由统一的机器印出来的，它就必然带有人的个性。人与人手上的习惯、特点总不会完全相同。比如结字、笔画，以至用笔的力度等都会有所不同，再刻意地模仿也总会露出破绽，不会完全一样。正像哲学家所说的，世界上没有绝对相同的两片树叶；刑侦学家所说的，世界上没有绝对相同的两个指纹。所以用文字来签字、签押、押属才会有法律效用。文字如果没有这种功能，银行决不会凭签字让你领钱。否则，那岂不是乱了套吗？当然，不认真判别，有时确能蒙蔽某些人，但这不是文字本身所具有的不可混淆的个性出了问题，而是辨别文字时出了问题，其实只要认真辨别总会发现它们之间的差别。20世纪50年代有人妄图冒充某领导人的签名到银行支取巨额现金，最终还是没能得逞，就是一个很好的例证。同样，契约、合同也都需签字后才会在法律上生效，也是基于书写的这种特殊功能。更有趣的是，对不会写字的文盲，照样可以让他们签字画押，名字不会写，就让他们画“十”，比如连当事人、经办人、保人一共有好几个，但最终画出的那些“十”字没有一个相同。“十”字尚且如此，何况较它们更复杂的文字了！所以从这个意义上说，汉字所具有的这种独特的个性尤为鲜明。

明乎此，就可以明白临帖时可能出现的一系列问题，临帖的人如此，教人临帖的亦如此。其主要表现有三：

1. 常有人失望地问我：“我临帖为什么总临不像？”我总这样回答他：“这就对了。不但现在像不了，再练一辈子也像不了。不像才是正常的；全像了，不但不可能，而且就不正常了，银行该不答应了。你大可不必为临得不像而失去临帖的信心。”这决不是安慰之语，更不是搪塞之语。试想，为什么自古以来书法流派那么多？字的不同写法那么多？同一个“天”字能写出那么多样，为什么一看便知这是这个书法家所写，那是那个书法家所写？为什么不会把某乙有意师法某甲的作品就误作为某甲的作品？其根本的原因就在于每个书法家手下都有自己独特的习惯和个性。这些个性是永远不能划一的，正所谓“性相近，习相远”也，这样的例子非常多。

如苏东坡的弟弟苏辙苏子由，以及东坡的儿子，都有几件书法作品流传下来，我们看他们的作品，虽与东坡有若干相近之处，但总是有明显的不同。又如米友仁不但是著名的书法家，而且是著名的鉴定家，宋高宗特意让他来鉴定秘合所藏的法书，鉴定后都要在作品的后面留下正式的评语，足见其有极高的鉴赏能力，对书法流派烂熟于胸。但他写字也未完全继承其父米元章的风格，明眼人一看便知米元章就是米元章，米友仁就是米友仁。这正应了曹丕《典论·论文》中的那句话：“虽在父兄，不能以贻子弟。”因为每个人写文章的观点和构思都不一样，兄弟父子之间都很难完全传授。写字尤其如此。文章有时还可以偷偷地抄袭一番，但字却无法抄袭，因为抄也抄不像。既然高明的古人想“贻”都贻不了，我们就大可不必为临得不像而苦恼了。当然对老师责怪你临得不像，你也大可不必放在心上。

2. 有人常懊悔地对我说："我写字没有幼功。"这就涉及到如何对待教小孩子学习书法的问题了。有的人索性认为小孩子根本不必临帖。说这种话的人都是自己已经临过帖了，他已经知道帖上的笔画是如何安排的了，所以他才觉得再没必要了。但对小孩子却不然。比如你告诉他"人"字是一撇一捺，但他不看帖就可能写成同是一撇一捺组成的"八"字、"入"字、"乂"字。所以必须让他看看字样，这就是临帖。临帖的目的并不是让他从此一辈子练那些永远模仿不像的前人的字形字体，也不是让他通过这种办法将来当书法家，而是让他熟悉字的基本结构、笔顺等。如写"三"要先写上面一横，再写中间一横，最后写下面一横；写"川"先写左面的一竖，再写中间的一竖，最后写右面的一竖。让他养成正确的习惯，写得顺手，写得容易。这对刚刚接触汉字的小孩子是必要的。我小时常遇到因写字不对而遭到老师惩罚的时候，惩罚的办法就是每字罚写几十遍，其实老师的目的不在这几十遍，而是让你通过反复的练习去记住它应该怎样写。

于是又有些人认为习字必须从小时开始，进而认为必须天天苦练，打下"幼功"才行，这又是一种极端的认识。写字不同于练杂技和练武术。杂技与武术确实需要有"幼功"，因为有些动作只能从小练起，大了现学根本做不出来。但书法不是这么回事，什么时候开始拿起笔练字都可以，不会因为你没有“幼功”，到大了手腕僵得连笔都拿不起来。不但不需“幼功”，我认为小孩子没有必要花过多的时间去临帖、练字。因为一来如前所云，帖是一辈子也临不像的，在这上面花死工夫，非要求像是没必要的。二来书法既然是艺术，就要对它的艺术美有所体悟才行，而这种体悟是需要随着年龄的增加、见识的增长来培养的。小孩子连字还认不全，基本结构还弄不太清，他是很难体会诸如风格特点这些更深层次的内涵的。如果再赶上教小孩子“幼功”的是一位庸师，那就更麻烦了，那还不如没有“幼功”。

3. 随之而来的问题是应该用什么帖。这里面又有很多误解需要辨明澄清。有人说临帖必须先临谁，后临谁，比如先临柳公权，再临颜真卿，对这种说法我实在不敢苟同。因为所谓“帖”不过就是写得准确好看的字样子而已。只要它能达到这样的效果即可，不在于笔画的姿势、特点。尤其是对小孩子更是如此，只要求其大致准确即可。相反，如果非执著学某一家，倒反而容易学偏。有人学柳公权，非要在笔画的拐弯处带出一个疙瘩，学颜真卿非要在捺脚处带出虚尖。出不来这样的效果怎么办？就只好在拐弯处使劲地蹴、使劲地揉，写出来好像是“拐棒儿骨”；在捺脚处后添上虚尖，好像是“三尾蛐蚰”。殊不知柳公权、颜真卿这样的效果是和他们当时用的笔有关系，后人不知，强求其似，岂不可笑！

还有人认为要按照字体产生的次序练字，先学篆书，篆书学好后再学隶书，隶书学好后再学楷书（实际应叫真书，所谓“楷”本指工整，后来习惯用来代指真书），楷书学好了再学行书，行书学好了再学草书。这更是谬说。照这样说，古人在文字产生以前靠结绳记事，难道我们在练字之前先要练好结绳才行吗？再说什么叫学好了？标准是什么？这和一年级上完了再上二年级是两码事。以篆书为例，它又分大篆、小篆、古篆等，有人写一辈子篆书，如清代的邓石如，更何况有些人写一辈子也未见能写好一种字体。照这样推算，什么时候才能写上隶书和楷书？其实，在隶书之后，唐代的颜、柳那类楷书之前，已经有了草书。汉代与隶书并行的就有草书（章草），后来在真书、行书的基础上才有了今草。古人并没有这样教条，可现在有些人却如此教条，岂不愚蠢？总而言之，字体的发展次序与我们练字的次序没有必然的联系。

还有人更绝对地认为临帖只能临某一派，并说某派是创新，某派是保守，只能学这一派而不能学那一派，学那一派就会把手学坏了。难道不学那一派就能把手学好了吗？这样只能增加无谓的门户观。须知，临帖只是一种入门的路径，无须为它成为某派的信徒。你的风格喜好接近哪一派，你就可以临摹学习那一派，如此而已，岂有他哉？千万不要受这些所谓“理论”的摆布。

（二）关于写字时用笔的方法

其实写字的“方法”并没什么一定之规，没什么神秘可言，不过就是用手拿住笔在纸上写而已。其实往什么上写都可以，比如移树，人们习惯在树干朝南的方向写一个“南”字，以便确定它移栽后的朝向；又比如盖房，人们习惯在房柁上写上“左”、“右”，以便确定它上梁后的位置。不用“毛笔”写也可以，只要用一个工具把字写在一个东西上都叫写字。所以一定不要把写字看得太神秘。当然要把字写好也要有一定的技巧。元代大书法家赵孟頫曾说：“书法以用笔为上，而结字亦须用功。”玩其口气，他虽然二者并提，但是把用笔的技巧放在第一位，而把结字的艺术放在第二位。这种排列是否恰当，这里暂且不谈，先谈一谈所谓的“用笔”，因为有些人一把用笔看得太高，就产生种种误解，种种猜测，以此教人就会谬种流传，贻害无穷。

1. 关于握笔的手势

现在我们用毛笔写字的握笔方法一般是食指、中指在外，拇指在里，无名指在里，用它的外侧轻轻托住笔管。但要注意这种握笔方法是以坐在高桌前，将纸铺在水平桌面之上为前提的。古人，特别是宋以前，在没有高桌、席地而坐（跪）写字时，他们采用的是“三指握管法”。何谓“三指握管法”？古人虽没有为我们特意留下清晰的图例，但我们还是可以根据一些图画资料推测出来：原来“三指握管法”是特指席地而坐时书写的方法。古人席地而坐时，左手执卷，右手执笔，卷是朝斜上方倾斜的，笔也向斜上方倾斜，这样卷与笔恰好成垂直状态。此时握笔最省事、最自然，也是最实用的方法就是用拇指和食指从里外分别握住笔管，再用中指托住笔管，无名指和小指则仅向掌心弯曲而已，并不起握管的作用，这就是所谓的“三指握管法”，与今日我们握钢笔、铅笔的方法一样。这样的图画资料可见于宋人画的《北齐校书图》（现藏美国波士顿博物馆），画面上校书者执笔的形象即如此。另外，敦煌壁画上也有类似的形象。日本学者根据敦煌壁画所著的《敦煌画之研究》就影印出敦煌画上一只手握笔的形象。现在有些日本人坐（跪）在席上写字仍如此，我亲眼看到著名的书法家伊藤东海就是这样握笔，与唐宋古画上一样。

但有些人不知道这种握笔方法的前提是席地而坐，左手执卷；在宋初高桌出现以后，在高桌上书写时，纸和笔本身已经成为垂直的角度，所以这时握笔最自然的方法就是本节一开始所说的方法。如果仍坚持这种“三指握管法”，反而不利于保持这种垂直的角度，这只要看一看现在拿钢笔和铅笔的姿势都是与纸面成斜角就能明白。为了使这种握笔的姿势与纸保持垂直，就只好凭想象、凭推测，把中指也放在外面，死板地用拇指、食指、中指的三个指尖握笔。并巧立名目地把三指往掌心收，使其与掌心形成圆形称之为“龙睛法”，把三指伸开，使其与掌心成扁形称之为“凤眼法”，十分荒唐可笑。最可笑的是包世臣《艺舟双楫》所记的刘墉写字的情景：刘墉为了在外人面前表示自己有古法，故意用“龙睛法”唬人，还要不断地转动笔管，以至把笔都转掉了。刘墉的书法看起来非常拘谨，大概“龙睛法”握笔在其中作祟是重要的原因之一吧。

2. 关于握笔的力量

由握笔的姿势又引出一个相应的问题，即握笔需要多大的力量。这里又有误解。有人以为越用力越好，还有根有据地引用这样的故事：说王羲之看儿子在写字，便在后面突然抽他的笔，结果没抽下来，便大大称赞之。孙过庭的《书谱》就有这样的记载。包世臣据此还在《艺舟双楫》中提出“指实掌虚”的说法，这种说法本不错，但也要正确理解。指不实怎么握笔呢？特别是这个“掌虚”，本指无名指和小指不要太往掌心扣，否则字的右下部分写起来很容易局促，比如宋高宗赵构的字就是如此，他字的右下角都往里缩，就是因为这造成的。但因此又造成误解，有人说掌应虚到什么程度才算够呢？要能放下一个鸡蛋。“指”要“实”到什么程度呢？包世臣说要恨不得“握碎此管”才行。这又无异于笑谈。其实儿子的笔没被抽出，是小孩子伶俐和专心的结果，有的人就误认为要用力，而且力量越大越好。对此，苏东坡有一段妙谈，他说：“献之少时学书，逸少（王羲之）从后取其笔而不可，知其长大必能名世。仆以为不然。知书不在于笔牢，浩然听笔之所之而不失法度，乃为得之。然逸少重其不可取者，独以其小儿子用意精至，猝然掩之，而意未始不在笔，不然，则是天下有力者莫不能书也。”苏轼的见解可谓精辟之至。

3. 关于悬腕

有些古人的字，尽管笔画看起来不太稳，但并不影响它的匀称灵活，其原因就是笔尖和纸是保持垂直的，不管是古人席地而坐的“三指握管法”，还是后来有如现在的握笔法。否则，把笔尖侧躺向纸，写出的笔画必定是一面光而齐，一面麻而毛，或者一面湿润，一面干燥，不会匀称。古人有“屋漏痕”、“折钗股”（有人称“股钗脚”）之说，“屋漏痕”说的是笔画要如屋漏时留在墙上的痕迹那样自然圆润，“折钗股”虽不知具体所指（大约指钗用得时间长了，钗脚的虚尖被磨得圆滑了），但意思也是如此。为了达到这个目的，于是有人就特意强调写字要悬腕，并认为此也是古法。殊不知，在没有高桌之前，古人席地而坐，直接用右手往左手所持的卷上书写，右手本无桌面可倚，当然要悬腕，想不悬腕也不行。但在有了高桌之后，情形就不同了。不可否认，悬腕运起笔来当然活，但也带来相应的问题，就是不稳、易颤，因此要区别对待。在写小一点字的时候，本可以轻轻地用腕子倚着桌面，只要不死贴在上面即可。写大字时自然要把腕子离开桌面，不离开，笔画就延伸不了那么远，特别是字的右下角部分简直就无法写，所以死贴在桌上当然不行。但也无须刻意地去悬腕，这样只能使肩臂发僵，更没必要想着这可是“古法”，必须遵从。一切以自然舒服为准则，能将笔随意方便地运用开即可，即使用枕腕法——将左手轻轻地垫在右腕之下也无不可。

还有人在悬腕的同时特别讲究“提按”。这也是由不理解古人是席地书写而产生的误解。古人席地书写，用笔自然有提按，但改为高桌书写之后情况又有所不同。很多人不把提按当成是一种自然的力量，而当成有意为之的手法，这就错了。反正我个人有这样的体会：如果想我这回要“提按”了，这字写得一定不自然。

所以顺其自然是根本原则，古代的大书法家并没有我们今天这么多的清规戒律，并不像我们今天这样机械死板地非要悬腕，非要提按，都是根据个人的习惯而来。比如苏东坡就明确地说过自己写字并不悬腕，所以他的字显得非常凝重稳健，字形比较扁；而黄庭坚就喜欢悬腕，所以他的字显得很奔放，撇、捺都很长。苏黄二人曾互相谐讽，黄讥苏书为“石压蛤蟆”，苏讥黄书为“枯梢挂蛇”，但这都不妨碍他们成为大书法家。

与此相关，宋人还有这样一种说法，叫“题壁”，比如大书法家米元章就主张练字要采取题写墙壁的方法，认为这样可以练习悬腕的功夫。其实，古人席地执卷书写就类似题壁。只不过题壁的“壁”是垂直的，古人左手所执之卷是斜的，右手所执之笔也是斜的，而斜笔与斜卷之间又恰成垂直的，这种垂直是很自然的，便于书写，即使写很长的竖亦便于掌握；而题壁时，笔要与墙垂直，腕子就要翘起，难免僵直。特别是写长竖时，笔就有要离开墙壁的感觉。所以这种练习方法也有问题，它带给人的感觉与古人席地而坐的悬腕终究不太一样。看来到了米元章时代，已经对唐和唐以前人如何写字不甚了了，甚至有些误解了。米元章的字有时给人以上边重、下边轻的感觉，如竖钩在写到钩时就变细了，这可能与他平日的这种练习方法有关。

总之，千万不要像包世臣在《艺舟双楫》中所记的王鸿绪那样，为了悬腕，特意从房梁上系下一个绳套，把腕子伸到套里边吊起，腕子倒是悬起来了，但又被绳子限制在另一个平面上，不能随意上下提按了，这岂不等于不悬？这种对古人习惯的误解，只能徒为笑谈。

我在《论书劄记》中有一小段文，可作这一观点的总结：

古人席地而坐，左执纸卷，右操笔管，肘与腕俱无着处。故笔在空中，可作六面行动，即前后左右，以及提按也。逮宋世既有高桌椅，肘腕贴案，不复空灵，乃有悬肘悬腕之说。肘腕平悬，则肩臂俱僵矣。如知此理，纵自贴案，而指腕不死，亦足得佳书。

4. 关于“回腕”和“平腕”

由悬腕又引出回腕和平腕。有些人不但强调悬腕，还强调“回腕”，且又错误地理解回腕。其实回腕是为了强调腕子的回转灵活，古人在席地而坐书写时，由于自然悬腕，所以腕子可以自然回转，有如我们现在炒菜，手都是自然离开锅台，所以手可以随意来回扒拉，这就是回腕。但坐在高桌椅上之后，有些人不理解回腕的真正含义，就望文生义地把“回”理解为尽量把手指往里收，笔往怀里卷，腕子往外拱。何绍基在他的书中还特意书出这样一幅示意图。试想，这样死板拘谨地握笔还能写出好字吗？如果和所谓的“龙睛法”、“凤眼法”并列，我可以给它起一个雅号，叫“猪蹄法”。

还有人强调要“平腕”。古人席地而坐书写，当然只能悬腕，而谈不到“平腕”，改在高桌椅上书写后，有人不但坚持要悬腕，而且还要把腕子悬平。这显然是违反常态的。按现在正确的握笔方法，腕子是不可能平的，要想平，只能把肩臂生硬地端起来。有人教人写字，要用手摸人的腕子平不平，更有甚者，训练学生要在腕子上放一杯水，真是迂腐得可笑。试想，让人手作“龙睛法”或“凤眼法”，掌中还要握一个鸡蛋；腕作“猪蹄法”，还要翻平，上放一杯水，这是写字呢？还是练杂技呢？

随之而来的是如何正确理解所谓的“八面玲珑”和“笔笔中锋”。古人席地而坐时书写都是自然地悬腕，写出的字不会出现一面光溜、一面干的现象，自然是八面玲珑。到了后来米元章仍强调写字要“八面玲珑”。古人所说的“八面”本指东、西、南、北、东南、东北、西南、西北，米元章这里是借以形容要笔笔流转。米元章的字也确实有这一特点，如他的《秋深帖》“秋深不审气力复何如也”十字，一气呵成，真可谓“八面玲珑”。他还曾临过王羲之的七种帖，宋高宗曾让米元章的儿子米友仁为此作跋。米友仁跋中称赞的“此字有云烟卷舒翔动之气”，亦是从这种观点立论，而他的这些临本确实比一般的刻本自然流畅。能达到这种效果是因为他能把笔悬起来灵活自如地使用，如果腕子死贴在桌面上，自然不会有这样的效果。要只注意悬腕，写起来灵活倒是灵活了，但掌握不好字体的美观也不行。

还有人认为要想达到“八面玲珑”的效果，就要“笔笔中锋”，这又是一种误解。只要笔画有肥有瘦，就决不可能是纯中锋，瘦处是将笔提起来，只将笔的主毫着纸，这可叫“中锋”，但只要有肥处，就说明在按笔时，主毫旁边的副毫落在纸上了。如果要笔笔中锋，就只能画细道，打乌丝格，就不成为字了。这和刻字一样，如果只拿刀刃正面刻，就只能刻细道。要想刻出粗道，只能用双刀法。我曾看过齐白石刻字，他就是斜着一刀下去，结果是一面平，一面麻，但他名气大，可以不管这一套。因此，对中锋的正确理解是笔拿得正，不要让它侧躺，出现一面光一面麻的现象，而不是只用笔尖。但由此又生出误解。当年唐穆宗问柳公权怎样才能笔正，柳公权说“心正才能笔正”，这其实只是对唐穆宗心不要邪的劝谏，有人拿它大做文章就未免迂腐了。文天祥心最正，字未见有多好；严嵩心最不正，字不是写得也很好吗？

（三）关于书写的工具

书写的主要工具不外乎笔、墨、纸、砚，即所谓的文房四宝。这其中最主要的当然是笔。

从出土文物中可知笔产生的年代相当久远。笔一般都用动物毫（毛）制成，诸如兔毫，白居易有《紫毫笔》诗，描写的就是兔子毛制成的毛笔，因此这种笔又称紫毫笔；还有狼毫，这里所说的狼毫指的是黄鼠狼（学名黄鼬）尾上的毛；还有鼠须及鸡毫；最常见的是羊毫。还有兼毫，如七紫三羊、五紫五羊、三紫七羊等，书写者可以根据自己喜好来选择。另外还有用特殊材料制成的笔，如茅草和麻等。也有在羊毫中加麻（苎麻）的，称“笔衬”，可以使笔更加挺括。总之，这里面的讲究很多，但好的笔工往往秘而不宣。如果写特别大的字，大到用现在的抓笔都写不了，那也不妨用布团蘸墨写，写完之后再用笔描一描即可。对笔的选择完全要看个人的喜好和需要，什么顺手就用什么。苏东坡有一句名言，使人不觉得手中有笔，就是最好的笔。比如我写小字喜欢用硬一点的狼毫，写大字喜欢用软一点的羊毫。我有一段时间喜欢用衡水出产的麻制笔，才七分钱一支，也很好使。用什么笔和学习书法的过程没什么关系，与书法造诣的水平更没什么关系。对此也有误会，比如褚遂良曾说“善书者不择笔”，于是有人就说不能挑笔，一挑笔就是水平低。这毫无道理，不同的习惯，不同的手感当然可以选择不同的笔。又说某某能写纯羊毫，就好像多了不起；又说东坡的《寒食帖》是用鸡毫写的，所以本事大，这是没有任何根据的。

现在我们可以根据有关的记载得知唐朝人制笔的方法：先选择几根最长的主毫，放在正中，然后选择几根稍短一点的做第一层副毫，扎在主毫周围，再选一些稍短的做第二层副毫，再扎在周围。在层与层之间还可以裹上一层纸。依次类推就制成了半枣核状的笔，日本有《槿笔谱》一书，就记载了这一过程。笔的这种制造工艺直接影响到字的书写效果。有人特意学颜真卿写捺时的“三尾蚰蚰”式的虚尖，其实他的这种虚尖是与他所用之笔主毫较长的特点有关。有的人不明白这个道理，故意地去添虚尖，很可笑。有人对泡笔时，是否全发开也挺讲究，认为哪种就算高级的，哪种就算低级的。这也毫无根据，完全由个人习惯而定。

古代没有现成的墨汁，所以很讲究用墨。现在有了墨汁还有人非要坚持磨墨，这似乎没必要。但墨汁的好坏直接影响到装裱时是否洇纸，所以要有所选择。现在北京出的一得阁墨汁，安徽出的曹素功墨汁都很好用。

纸的种类当然很多，难以一一列举。用什么纸与书法水平也没有关系。我是得什么纸用什么纸，有时觉得在包装纸上写似乎更顺手，因为没负担；越用好纸越紧张。我这种感觉和很多古人一样，当年很多人都不敢在名贵的印有乌丝格的蜀缣上写，只有米元章照写不误，看来还是他的本领大。

至于砚就更无所谓了，如果用墨汁，它简直就可有可无。砚对现在书法而言，大约工艺价值远远超过使用价值。

总而言之，这一讲讲的问题虽多，但中心思想却是一个，即不要被那些穿凿附会、貌似神秘的说法所蒙蔽，不管这种说法是古人所说，还是权威所说。这些说法很多都是不了解古代的实际情况而想当然，然后又以讹传讹，谬种流传。不破除这些迷信，就会被他们蒙住而无法学好书法。

第二讲　碑帖样本

上讲说过写字不见得都需有幼功，临帖也不必都求其全似，因为本来就不可能全似，但对学习书法的人来说，临帖是非常必要的。它是一种最基本的方法的练习。正像练钢琴，没有一个不是从基本曲目开始的，总是随手乱弹，一辈子也成不了钢琴家；写字也一样，总是随手写来，即使号称这是“创新”，也成不了书法家。书法中的横、竖、点、撇、捺、挑、折，就相当于西洋音乐中的1、2、3、4、5、6、7，中国音乐中的合、四、一、上、尺、工、凡、六、五，只有把每个音节都唱得很准了，音节与音节之间的组合变化掌握得都很熟练了，才能唱出优美的乐章；同样，只有把基本笔画的基本形状及其组合掌握得都十分准确、十分自如，才能写出好字。这就需要临帖，因为帖就是好的字样子。小孩子临帖，并不是让他三天成为王羲之，也不能奢求他对书法艺术有多高的理解，而是让他熟悉笔画的基本形状、方向，以及字的结构布局，从而打好基本功。大人也需要时时临帖，即使达到了相当的水平也如此，正像钢琴演奏家在演出之前也需练习一样，它可以使你越练越熟。更何况它是一项很好的文化娱乐活动，是一项很好的审美创作练习，当你把写出的字挂起来欣赏的时候，你会从中发现很多乐趣。

那么临帖需先搞清哪些问题呢？大概有以下几点：

（一）先要认清碑帖上的字相对原来的墨迹有失真之处

因为碑帖上的字是我们模仿的字样子，所以很多人就认为它是最准确的了，认为当时书法家写到石碑或木板上的就是那样，因而对碑帖上呈现出的每一细微处都觉得是必须效法的。其实并非如此。刻出来的字与手写的字不但有误差、有失真，而且有好几层误差与失真。这只需搞清碑帖的制作过程就能明了。

第一个过程是用笔蘸朱砂写在石头上，称“书丹”，因为朱砂比墨在石头上更显眼，便于雕刻。第二道工序是刻。刻的时候就以红道为据。我曾在河南的“关林”看到很多出土的碑，因为书丹时有的笔道很肥，刻完之后，刀口的外面还残留着朱砂的颜色。可见刀刻的痕迹与第一道工序——书丹的痕迹已不完全相符了，有的可能没到位，有的可能过头了，这是第一次失真。再好的刻工也不能与书丹时完全一样。在流传下来的碑刻中，刻得最好的是唐太宗的《温泉铭》，现在见到的敦煌本《温泉铭》，笔锋及其转折简直就和用笔写的一样，我在《论书绝句》中曾这样称赞它：“细处入于毫芒，肥处弥见浓郁，展观之际，但觉一方黑漆版上用白粉书写而水迹未干也。”但这样的精品终究是极少数，从道理上讲，刀刻的效果总不能把笔写的效果全部表现出来，比如不管是蘸墨也好，蘸朱砂也好，色泽的浓淡、笔画的干湿，以至笔势的顿挫淋漓就是刀工所不能表现的。用笔写的时候可能会出现“燥锋”和“飞白”，即墨色比较干时，笔道会随运笔的方向出现空白，这就不好刻了。没办法，所以定武本的《兰亭序》就只好在这地方刻两条细道，表明此处是由燥锋所出现的飞白，其实原字的飞白并不止两道。我曾拿唐人写经中的精品来和唐碑加以比较，明显感到写经的笔毫使转、墨痕浓淡一一可按，但碑经刻拓，则锋颖无存。两相比较，才悟出古人笔法、墨法的奥妙。又曾看到智永的《千字文》真迹，其墨迹的光亮至今还非常鲜明，这是碑帖无论如何也表现不出的。

第三道工序是拓碑，拓时先用湿纸铺在碑上，然后垫上毡子往下按，这样，碑上凹下的笔画就在纸背上被按成凸出的笔画了，再在上面刷上墨，凹下的地方因沾不上墨，所以就成为黑纸白字了。但按的时候力量不会绝对匀，力量不到，按得不瓷实的地方就会使拓出来的笔道变细。这是第二次失真。刷墨的时候也不会绝对的均匀，再加上墨如果比较湿，或者纸比较湿，就会洇到凹下去的部分，这样笔画的粗细与形状也会与原字不同，这是第三次失真。

第四道工序是把纸揭下来装裱。裱时要将纸抻平，这样一来笔道又会被抻开，这是第四次失真。碑帖流传的时间过长会破旧损坏，需要重裱，这是第五次失真。

而更糟糕的是有的碑也会损坏，如毁于战火、毁于雷电，或者被拓的次数过多而将碑面损坏，于是只好根据现有的拓片重新翻刻。拓片已经失真，根据失真的东西翻刻岂能不再次失真？这是第六次失真。当然，好的翻刻本也有。如乾隆年间无锡秦家，根据宋拓本翻刻《九成宫》，在当时可以卖到一百两银子一本。因为当时的科举考试非常重视书法，当时书法的标准为“黑大光圆”，于是人们就不惜重金来买好碑帖。

试想，轮到你手中的碑帖不知已失真多少次。最好刻的真书尚且如此，不用说更富于使转变化的行书与草书了，如果你还认为古人最初写的真书、行书、草书本来就如此，甚至把走形失真之处也揣测成是古人力求毫锋饱满、中画坚实，于是一味地亦步亦趋、死板模仿，以至有意求拙，以充古趣，岂不过于胶柱鼓瑟？

碑如此，帖亦如此。好的帖讲究用枣木板，硬，不易走形损坏。帖刻的工艺也有好有坏。有著名的宋代的淳化阁帖，本身刻得很粗糙，但宋徽宗的以淳化阁帖为底本的大观帖却刻得十分精致，几乎和写的一样。但它们的制作工艺与碑大致相同，故而再好也无法表现墨色的浓淡、干湿，并存在多次失真的情况。总而言之，不管碑也好，帖也好，我们千万别以为古人最初的墨迹即如此，否则就会把失真与差误的地方也当成真谛与优长加以学习了。其结果只能像我在《论书绝句》中所云：“传习但凭石刻，学人模拟，如为桃梗土偶写照，举动毫无，何论神态？”

这里需顺便指出的是，有人对碑与帖的关系又产生了一些无意或有意的误解，如认为碑上的字是高级的，帖上的字是低级的；写碑是根底，写帖是补充。比如康有为就特别提倡“尊碑”，他所著的《广艺舟双楫》中就专有一章谈这方面的内容。他写字也专学《石门铭》。还有人从而又生发出所谓的“碑学”与“帖学”，好像加上一个“学”字，就成为一种专门的学问了。这是无稽之谈。对于初学写字的人来说，碑由于字比较大而清楚，且楷书居多，学起来容易掌握；帖行草居多，经常有连笔和干笔带来的空白，对连字的基本形状结构都还不很分明的人来说，自然更难掌握。就这层关系而言，临碑确实是根底，但有了一定的基础后，二者就无所谓谁高谁低了。究竟是临碑还是临帖，全看自己的爱好。再说，碑里面因刻工技术的高低，拓工水平的好坏，也有优劣之分。如柳公权的《神策军碑》刻得非常好，虽然干湿浓淡无法表现，但笔画字形刻得极其精致周到，但同是柳公权的《玄秘塔》就刻得相对粗糙。又如颜真卿，楷书大字首推《告身帖》。所谓，“告身”就相当于今日的委任状，按情理说，颜真卿不可能为自己写委任状，故此帖肯定是学他书法，且学得极其神似的人所写，但此帖的风格与颜真卿的《颜家庙碑》、《郭家庙碑》

等都属一类，但我们随便拿一本宋拓的碑，远远不如《告身帖》看得这样分明真切。所以真假暂且不论，但从学习写法来看，《告身帖》要优于一般的碑。又如古代有所谓的“向拓本”，所谓“向拓”是指用透明的油纸或蜡纸蒙在原迹上向着光亮处，将它用双钩法将原迹的字钩出来，再填上墨。唐人已有这种方法，宋人也用这种方法，但不如唐摹的精细。有的唐摹本相当的好，如《万岁通天帖》和神龙本的《兰亭序》，连碑中不能表现的墨色的浓淡干湿都能有所表现。但这都属于“帖”类，谁又能说它比碑低级呢？

我虽然始终强调“师笔不师刀”——强调临摹墨迹比临摹碑帖要好，并在上文列举了碑帖的那么多问题，但并不是一概地反对临摹碑帖。因为一来好的墨迹原件终究不是所有人都能见到的，当年乾隆皇帝曾拿出过一次秘藏的王羲之的《快雪时晴帖》给大臣看，大臣无不感到受宠若惊。大臣尚且如此，何况一般的平民百姓？二来即使有了好的墨本真迹，谁又舍得成天地摩挲把玩？三来好的刻本终究能表现出原迹的基本面貌，尤其是字样的美观，结构的美观，终不可被某些局部的失真所掩。但我们一定先要明白碑帖与原迹的区别。正如我在《论书绝句》中所云：“余非谓石刻必不可临，唯心目能辨刀与毫者，始足以言临刻本。否则见口技演员学百禽之语，遂谓其人之语言本来如此，不亦堪发大噱乎？”如果你看过一些好的墨迹本，并能在临碑帖时发挥想象。“透过刀锋看笔锋”——透过碑版上的刀锋依稀想见那使转淋漓的笔锋，那就更好了。那就如我在《论书绝句》中所说：“如观灯影中之李夫人，竟可破帏而出矣。”——当年汉武帝非常思念死去的李夫人，方士云能致将李夫人的魂魄来，届时汉武帝果然在帏帐的灯影中见到李夫人——只要我们能将本来死板的碑帖借助感性的想象，把它看活，将它尽量变成一幅活的墨迹就成了。

以上所说都是以现代影印术尚未出现为前提的。古时人们得不到真迹做范本，怎么办呢？最好的办法是找钩摹的向拓本。但这也很难得，所以对一般人来说只好凭借好的刻本，再等而下之，就只好凭借翻刻本了。有的人称好的刻本为“下真迹一等”，这已是夸奖的话了，陶祖光甚至更夸张地说好的拓本可“上真迹一等”，因为真迹已死无对证，无从查找了。但在现代精良的影印术发明之后，好的影印本确实可“上真迹一等”，因为一来它确实和原迹一模一样，包括墨色的浓淡干湿、枯笔的飞白效果与原件毫无二致，这一点是“向拓本”无法比拟的。二来便于使用，你可以将它置于案头随时把玩，不必担心它的损坏，因此它的收藏价值虽不如真迹，但实用价值确实大于真迹。我家长年挂着影印的米元章和王铎的作品，要是真迹，我舍得随便挂吗？因此现代影印术的发明，真是书法爱好者的一大福音，它为我们轻而易举地提供了最理想的范本，这可是古人梦寐难求的啊。

（二）何谓碑、何谓帖

“碑”字从“石”从“卑”，原指坟前的矮石桩，最初上面还有一个窟窿，原用于下葬时系棺椁用，也可以用来系葬礼时的牺牲品，如猪羊之类。后来在上面刻上墓主的名字，碑石也变得越来越大，碑文也变得越来越多，内容也越来越丰富，不但可以用来记载死者的有关情况，而且凡纪念功德的纪念性文字都可以书碑。汉代就有著名的《石门颂》，北魏时有《石门铭》，记载褒斜一带的有关情况。到唐代，开始多求名人书写，甚至皇帝自己写。唐太宗就写过两个碑，一为《温泉铭》，歌颂他洗澡的温泉如何好，如何有利于健康，此碑早已不存，现有敦煌的孤本残帖；一为《晋祠铭》，纪念周成王分封其幼弟叔虞于唐之事，晋祠即指叔虞的庙。后来李唐王朝之所以称“唐”，是因为他们自视为叔虞的后代，所以《晋祠铭》兼有歌颂大唐王朝立国之意。唐高宗效法其父，写过《李勣碑》。武则天则为其面首张昌宗写过《升仙太子碑》，硬说他是仙人王乔王子晋的后身，立于河南缑山。此碑现在还有，碑旁已砌上砖墙加以保护。

碑的歌颂纪念性质决定它多以郑重的字体来书写，这样也便于读碑的人都看得清。汉时多用隶书，唐时多用楷书。我们今天见到的虞世南、欧阳询、柳公权、颜真卿的碑无一例外，全是用楷书来写，字又大又清楚，所以便于成为后来学习楷书的范本。只有皇帝例外，他们至高无上的地位可以不受这一限制，爱怎么写就怎么写，所以唐太宗、唐高宗就用行书写，武则天甚至用草书写，草得有些字都很难辨认。

帖，最初指古人随手写的“字帖子”，也称“帖子”，实际上就相当于今天所说的便条、字条、条子，所以写起来比较随便，字往往很少，有的就一两行，如著名的《快雪时晴帖》就三行。淳化阁帖中有很多这样的作品。用于拜见主人时，称“名帖”、“投名帖”，最初是折起来，因而也称“折子”，里面就写一行字，说明自己的姓名、身份，后来变成单片的，称“单帖”。我见过清朝人的单帖，官越大，头衔多的，字反而越小，官越小的字反而越大。外边还可以用一个皮夹子装着，称“护书”，由跟班的拿着。到了被拜访人的家，由跟班的拿出来，交给门房，门房收下后，举着到二门，朝上房喊“某大人（或某老爷）到”。主人听到后说声“请”。然后门房回来也向客人说声“请”。便可以领着他去见主人了。如果是下级呈递上级的公文，则称“手本”。按一定宽度折成一小本。还有信，其实也属于帖，比如现在流传的王羲之的几种帖，大部分都是他当时写的信，《快雪时晴帖》实际上也是信。有时写给大官的信，大官可能在信后随手批几句批语，有如皇帝在大臣的奏折上批上“知道了”云云，那也属于帖。《书谱》曾记载，王献之曾郑重其事地给谢安写过一封信，并自认谢安“想必存录”，但没想到谢安只是于原信上“批尾答之”，令王献之大为失望。在古人看来，这些都属于帖。《兰亭序》虽然比较长，但它仍属帖，因为它是文稿子，上面还有改动涂抹的痕迹。因此我们可以给帖下一个广泛的定义：凡碑之外的、随手写的都可称帖。后来这些帖不管用钩摹的办法，还是刻板的办法保留、流传下来，人们仍然称它为“帖”。有人说竖石叫碑，横石叫帖，这并不准确，其实，墓前的横石也叫碑。

既然是便条的性质，所以写起来就比较随便，文辞既很简单，所用的字体也多属行书或草书。当然，帖中也有用较正规的字体的，如王羲之的《快雪时晴帖》。正像碑中也偶尔有用行草的。因此碑与帖的区别，主要是当初用途的不同与由此而来的所选用的字体的不同。碑是树立在醒目的地方供人看的，它唯恐别人看不清，所以字往往选用又大又清楚的楷书、隶书；帖多数是一个人写给另一个人的，只要两人之间能看懂即可，所以字体可以随便。在秘而不宣时（这种情况是很多的，如有人在信中附上一句“阅后付丙”——阅后请烧掉，就是明证），恨不得写出的字除对方外，谁也看不懂，不懂得像密码一样才好。

现在有人从碑中和帖中字体的不同引出“碑学”、“帖学”这一概念，这其实并不准确。如果我们把研究碑和帖是怎样来的，又是怎样发展变化的，里面有多少种类，汉碑是怎么回事，魏碑是怎么回事，称为“碑学”、“帖学”尚可，但如果把研究碑上的字称为“碑学”，把研究帖上的字称为“帖学”，就不准确了。还有人把研究“写经”上的字称为“经学”、“经体”，这就更不准确了，经学哪里是指这个？不管是研究碑上的字，还是研究帖上的字，或是研究写经上的字，都是书法学。我们不能把碑上的字与帖上的字，或写经上的字截然分开，然后一个称“碑学”，一个称“帖学”，一个称“经学”，这容易引起歧义。

（三）对碑帖及临写碑帖时的一些误解

在第一讲中我已指出由握笔等书写方法的误解而造成的书写时的一些错误，这里我想再着重谈谈由对碑帖的误解而造成的错误。这些错误大致又分两类。

第一类是由于不知道碑帖的失真而造成的对碑帖死板机械的临摹。

比如，你如果不知道墨迹本来是很圆润的笔画，只是经刀刻以后才变成方笔，于是不加分辨地机械模仿，把笔画都写成“方头体”，甚至把它当成古意和高雅来刻意追求，这就错了。有人还因此把没拓秃的魏碑称为“方笔派”，把拓秃了的魏碑称“圆笔派”，这就更属无稽之谈了，他们不知道像龙门造像中的那些方笔其实都是刀刻的结果。龙门那里的石头很硬，不好刻，比如要刻一横，只能两头各一刀，上下各一刀，它自然成为方的了，古人用毛锥笔是写不出来那么方的笔画的。清末的陶浚宣（心耘）就专写这种方笔字。还有张裕钊（廉卿）写横折时，都让它成为外方内圆的，真难为他怎么转的笔，我把它戏称为“烟灰缸体”。碑帖中确实有这样的字体，但外边的方是刀刻所致，里边的圆可能是刀口旁边有剥落所致。他不知道这一点而去机械地模仿就很无谓了。更令人遗憾的是，有些人还专门学张裕钊的这种写法，他的一些学生，有中国的，也有日本的，就专跟他学这种写法，至今已流传两三代了。我还曾遇到过这样一件事。一天，一位自称老书法爱好者的人驾临寒舍，称他收藏有最好的欧帖，并终生临摹不已，边说边打开一摞什袭包里的碑帖。我一看真为他惋惜，他自认为最好的这些碑帖，实际不过是专出《三字经》、《百家姓》、《千字文》（合称“三、百、千”）之类的“打磨厂”（北京的一个地名，内有一些印制碑帖、年画、红模子的小作坊）一级的东西，粗糙得很，笔道都是明显的刀刻的方头，字形都已明显变形。试想，以此为范本用功一生，还自谓得到了欧体的精华，岂不可惜？

又比如有的碑上的字，字口旁有缺损剥落，于是拓下来的字便会在字口旁出现一些多余的部分。有的人不明白这是怎么回事，便在临摹时在笔道旁故意顿挫出一些刺状的虚道，我戏称它为“海参体”。又如碑上的细笔道在拓时因用力不匀或用墨过浓，都容易拓断，有人认为古人在写时原本如此，在临摹时也跟着故意断。这种断笔、残笔在小楷的碑帖中更易出现。因为原本刻得字就小，笔道就浅，拓多了自然更易模糊。如宋人刻过很多附会为王羲之的小楷帖，像《黄庭经》、《乐毅论》、《东方画赞》等。这些帖中，“人”字一捺的上尖往往拓不上，于是变成了“八”字，“十”字一横的左半部分拓不上，于是变成了“卜”字。我小时曾看到兄弟俩一起面对面地坐在桌子的两旁认真临帖，都用我前边说过的自认为颇具古意的“猪蹄法”握笔，而且每写到碑上出现拓残的断笔时，哥儿俩就互相提醒，嘴里还念念有词：“断，断。”显然是把它当成一种古人有意为之的特殊笔法加以模仿。当时我还小，不知怎么回事，只觉得很奇怪，后来弄清楚怎么回事后，觉得这兄弟俩真可笑。其实，不用说一般人了，就连很多书法家亦如此，比如明代的祝允明、王宠等就有意这样写，因此他们的字往往有这样的断笔。

第二类是概念上的错误。有些人因看到碑上的字多是方笔，为了刻意仿效它，就制造出一些莫名其妙的书写理论和书写方法，以期达到这样的效果。还有人因看到碑上的字多是方笔，便误认为所有的字都应如此，不如此就连是否是真的都值得怀疑了。

如清朝的包世臣，在其所著的《艺舟双楫》中记载，他曾从黄小仲（黄景仁字仲则之子）那里听说过一个关于用笔的很高深的理论，叫“始艮终乾”，当他想进一步向他请教何谓“始艮终乾”时，他则笑而不答，以示高深。其实这是一种想把笔画写成方笔的用笔方法。如果我们把一横看成是三间坐北朝南的大北房，古人心里的地图是上南下北，那么按照八卦的排列它的西北角叫乾，正北叫坎，东北角叫艮，正东叫震，东南角叫巽，正南叫离，西南角叫坤，正西叫兑。所谓“始艮终乾”指从东北角艮位下笔，往上一提，然后描到东南角的巽位，然后平着从中间拉到西边，把笔提到西南角的坤位，最后将笔落到西北角的乾位，这样一来就能把笔画描成方的了。这不叫写字，这叫描方块儿，比“海参体”更等而下之了。总之，想要硬用毛锥笔写方笔字，必定会出现很多怪现象。

又如清朝还有一个叫李文田的人，专门学写碑。他曾在浙江做考官，在回来路过扬州时，为汪中所藏的《兰亭序》作了一大段跋。其中心观点是《兰亭序》不是王羲之所写，理由是晋朝人的碑中没有这样的字。他不知道晋朝的碑本来就不可能有这样的行书字，因为那时碑上的字都是工工整整的，一直到唐朝欧、柳等人莫不如此，只有皇帝老儿的碑才偶尔有行书字。不用说古人的碑了，就是现在人在门口上贴一个“闲人免进”的条，也要写得工工整整的才行，才能达到让人看清从而不进的目的，否则，写得太潦草，岂不是还要在旁边加上释文？换言之，他们不懂得书写的形状和书写的用途是有密切关系的。我们知道汉朝郑重的字都用隶书，而现在看到的出土的汉代永元年间的兵器簿全是草书，敦煌发现的汉简中，有关军事的也全是草书。为什么？因为军中讲究快，为了这个目的，所以就要选用与之相适应的字体。直到今天亦如此，比如报头为了美观醒目，可以用各种字体，但到了里面的正文，必定还用最易辨认的宋体或楷体。《兰亭序》本来是书稿，它当然会选用行书字，而不用当时工工整整的正体。正像我们今天随便写一个便条，谁会把它描成通行于书报上的宋体字呢？因而岂能用碑中没有这样的字就说《兰亭序》是假的呢？他还用《世说新语》所引的注与《兰亭序》有出入为据，来论证《兰亭序》为假，殊不知古人以引文作注本来可以撮其原文之大意，他不说所引简略，而反过来怀疑原文，更是无知。

这种观点后来又得到某些人的发挥，他们看到南京出土的晋朝的《王兴之墓志》等都是方块笔，认为《兰亭序》都应该是这样的才对。还说如果真有《兰亭序》，其笔法必定带有“隶意”才对。如果没有“隶意”必定是假的。殊不知这些碑的方笔画都是刀刻出来的效果，当然会是刀斩斧齐，但拿毛锥笔去写，无论如何是写不出这样的效果的。再说唐人管楷书就叫“今体隶书”，《唐六典》中就有这样的记载。唐朝的《舍利函铭》的跋中就有“赵超越隶书”之语，而所用之字，全是标准的楷书。虽然都叫隶书，但汉隶与唐楷（唐人称“今体隶书”）是名同实异的。李文田要求晋朝的行书要有汉碑隶书的笔意，这也是一种误解。我们不能死板地理解这些名词，应该根据具体情况去正确理解。比如张芝曾写过这样的话：“草草不及草书。”这里的草书实际应是起草的意思，如果把它理解为草体书，说我来不及了，不能写草书了，只能一笔一画给你工整地写楷书，这合逻辑吗？又比如某人小时挺胖，大家都管他叫“胖子”，但到大了，他不胖了，我们能说他不是那个人了吗？同样的道理，如果还把这里的“隶”理解为蚕头燕尾式的笔画，硬要从《九成宫》甚至《兰亭序》中去找这种隶意，找不到就瞎附会，看到那一笔比较平，就说那就是隶意，岂不可笑？

（赵仁珪根据录音整理）

论书随笔

一　论笔顺

什么叫做笔顺？习惯即指写字时各个笔画的先后顺序。例如写“人”字，先“丿”，后“乀”；写“二”字，先上横后下横。这个原则可以类推。

这种顺序是怎么产生的，谁给规定的？回答是由于写时方便的需要。写字用右手，不仅汉字，即世界各族人，也都如此。汉字写法习惯，每字各笔画的先上后下，先左后右，是怎么形成的？不难理解，如果倒过来写，先下后上，在写上笔时，自己的手和笔，遮住了下一笔，写起即不方便。“顺”字，即是便利的意思。

汉字的章法，每行自上而下，各行却由右而左，这种写法习惯，自商周的甲骨金文中已然如此。任何习惯的形成，都有它的复杂因素，后人可以推测，但难绝对全面确定它的原理。笔画之间，先上后下，先左后右，字与字之间，先上后下，这是一致的。单独“行际”是由右向左只能归之于“自古习惯”，“汉字习惯”。

每字的笔顺，比“行次”问题好理解，下面举几个例：

“宀”上一点在最上，左点在左，然后横画连右钩，是顺的。“宀”下边装进什么都是第二步的事。

“亻”，“丿”在上，从上向左下走，“丨”在“丿”下，即成为“亻”，右边可以随便搭配了。

“小”，“亅”居中，定了标杆，左右相配，容易匀称。“业”，先“‖”，后配左右两点，亦是此理。

“中”，先写“口”，像剪彩的彩带，先扯平，中间下剪，比较容易。

“万”先写横，没问题。“㇆”与“丿”，谁先谁后，有争议。从方便讲，宜先写的“㇆”，“丂”的左下有一块空地，用“丿”把它分割，字中空白容易匀称。“衣”中的“𧘇”右“㇃”，也是分割空地的道理。

“日”、“目”顺序如下：冂冃月目，为什么不先写“口”，因为这长方格中，填进小横，不易匀称。先写“冂”，如果里边空地不够，末笔稍靠下，也还无妨，如果里边空地还多，“冂”的两个下脚露出些尖也不要紧。

“母”，先左连下成“𠃊”，后上连右成“㇆”，即成“口”，一横平分“口”，两小空格中各填一点，可谓“顺理成章”。

“太”，先一横，定了这个字的领地中主要位置，中分一横，从上向左下一“丿”，“ナ”的右下有一空地，用“㇏”平分这块空地，即成“大”，再在下边空地中加一个点，也是自然便利的。

这个道理，再推到另一例：“春”，“三”可以比“太”字的“一”，“人”，与“太”字同一办法，下加“日”，可以比“太”字的下边一点。不管字中笔画多么繁，交叉多么乱，都可以从这种原理类推而得。

至于行书和笔顺，有时和楷书略有不同的。因为行书是楷书的快写，为了方便，有时顾不了像楷书那样太顺，例如“有”，楷书原则是先“一”后“丿”，以“丿”分割“一”。行书为了顺利，先“丿”转向左上连“一”，“一”的右端再转下连“丿”，再后成“月”。这种不合楷书的“顺”，却是行书的“顺”，不可固执看待。

草书比行书更简单、更活动了。无论从隶书变成的“章草”还是从楷书变成的“今草”，它的构成，都不出两种原则：一是字形外框剪影；二是笔画轨道的连接。前一种例如“海”写作“”，把“氵、𠂉、母”三部分按它们的位置各画出一个简化了的形状。又如“囘”或“回”，只作也可以了。又如“婁”，写作“”变成“娄”，又把娄的头接上它的脚，只要“米”和“女”，抛去了它的腹部。还有几种分用的符号，如左边的“”，可代替“亻、彳、氵”等，下边的“一”，可代替“火、心、灬”等。

后一种例如“成”，写作“”，“厂”写作“”，“㇂”写作“亅”，里面的“𠃌”写作左边的“”，右边的“丿”写作“”，右上的点不改。这即是把分写合为“成”字的各个笔画，按照它们的先后次序连接写得的一个内有笔序，外变形状的“成”字。又如“有”字，草书先从“丿”的头部写起，左弯的上代横，从右上转的左下代“月”的左竖，右转回钩，代“月”字的“”，便成了“”，略近外形，实是用笔顺构成的，和行书的“有”字又不同了。

草书不易认识，有许多人正在研究从草字查它是什么楷字的办法。还没有很简便的方案。现在姑且按上边两种例子做一试探：即看到一个草字后，先看它的外框像个什么楷字，再按它的笔顺断断续续地写一写，至少可以翻译出一半以上的草字。

二　论结字

字是用许多笔画构成的，笔画又具有各种不同的形状，如“丶一丨丿㇏乚亅”所谓点、横、竖、撇、捺、钩等。随着字形的需要，有多种排列组合的方式，成为“字形”，这是字的基本构造问题。每个字形的形态，又与字中每个笔画的形状和笔画安排有关。如笔与笔之间的疏密、斜正、高矮、方圆等等，都影响着字的姿态，这是书法美术的问题。这里所说的“结字”，是指后者。“结字”，习惯上也称“结构”、“结体”，或称“间架”。

元代书法家赵孟頫说：“书法以用笔为上，而结字亦须用工。”（见《兰亭十三跋》）用笔无疑是指每个笔画的写法，即笔毛在纸上活动所表现出的效果。当然笔毛不聚拢，或行笔时笔毛不顺，写出的效果当然不会好。又或写出的笔画，一边光滑，一边破烂，这笔是把笔头卧在纸上横擦而出的。笔画两面光滑，是写字最起码的条件，要使笔画两面光滑，就必须笔头正，笔毛顺，从前人所说的“中锋”，并无神秘，只是笔头正，笔毛顺而已。好比人走路必定是腿站起，面向前的原则一样。躺着走不了，面向旁边必撞到别的东西上。不言而喻，赵氏这里所说的“用笔”，必定不是指这个起码条件。而是指古代书法家艺术性的笔画姿态。究竟他所指的“用笔”和“结字”哪个重要呢？以次序论，当然先有笔画，例如先有“一”后有“丨”，才成“十”字，“十”字的形成，后于“一”的写出。但如果没有“十”字的构想或设计方案，把一丨排错，写成丅丄，也是不行的。从书法艺术上讲，用笔和结字是辩证的关系。但从学习书法的深浅阶段讲，则与赵氏所说，恰恰相反。

举例来说：假如我们把古代书法家写得很好看的一个“二”字，从碑帖上把两横分剪下来，它的用笔可说是“原封未动”，然后拿起来往桌上一扔，这二横的位置可以千变万化，不但能够变成另一个字，即使仍然是短横在上，长横在下，但由于它们的距离小有移动，这个字的艺术效果就非常不同了。倒过来讲，一个碑帖上的好字，我们用透明纸罩在上边，用钢笔或铅笔在每一笔画中间画上一个细线，再把这张透明纸拿起单看，也不失为一个好的硬笔字。不待言，钢笔或铅笔是没有毛笔那样粗细、方圆、尖秃、强弱的效果，只是一条条的匀称的细道，这种细道也能组成篆、隶、草、真、行各类字形。甚至李邕的欹斜姿态，欧阳询的方直姿态，也能从各笔画的中线上抓住而表现出来。

练写字的人手下已经熟习了某个字中每个笔画直、斜、弯、平的确切轨道，再熟习各笔画间距离、角度、比例、顾盼的各项关系，然后用某种姿态的点画在它们的骨架上加“肉”，逐渐由生到熟，由试探到成就这个工程，当然是轨道居先，装饰居次。从前人讲书法有“某底某面”之说，例如讲“欧底赵面”，即是指用欧的结字，用赵的笔姿。也是先有底后有面的。

汉字书法的艺术结构问题，从来不断地有人探索。例如隋僧智果撰《心成颂》（或作《成心颂》），主要是讲结字的。后世流传一种《楷书九十二法》，说是欧阳询所作，实属伪托。书中的办法，是找每四个字排比并观，或偏旁相同相类，或字中主要笔画相近，或这四个字的轮廓相近，或解剖字是几大块拼成的。希望收到举一反三之效，用意未尝不好，但是不见得便能收到“触类旁通”的作用。习者照它做去，还不能抓住每字各笔的内在关系。其他在文章中提到结字的问题的，历代论书作品中随处都有，也不及详举了。

一次在解剖书法艺术结字时，无意中发现了几个问题，姑且列举出来，向读者请教：

发现经过是这样，因为临帖总不像，就把透明纸蒙在帖上一笔一画地去写。当我只注意用笔姿态时，每觉得一下子总写不出帖上点画的那样姿态，因只琢磨每笔的方圆肥瘦种种方面，以为古人渺不可及。一次想专在结构上探索一下，竟使我感觉吃惊。我只知横平竖直，笔在透明纸上按着帖上笔画轨道走起来，却没有一笔是绝对平直的。我脑中或习惯中某两笔或某两偏旁距离多么远近，及至体察帖上字的这两笔、两偏旁的距离，常和我想的并不一样。于是拿了一个为放大画图用的坐标小方格透明塑料片，罩在帖字上，仔细观察帖字中笔画轨道的方向角度、笔与笔之间的距离关系，字中各笔的聚处和散处、疏处和密处。如此等等方面，各做具体测量。测量办法是在塑料小方格片上画出帖字每笔的中间“骨头”，看它们的倾斜度和弯曲度。再把每条“骨头”延长，使它们向去路伸张，出现了许多交叉处。这些交叉处即是字中的聚点，尽管帖字中那处笔画并未一一交叉，但是说明笔画的攒聚方向，再看伸向字外的远处方向，很少有完全一致、平行的“去向”。凡是并列的二笔以上的轨道，无论是横竖撇捺，很少有绝对平行的。总是一端距离稍宽，一端距离稍窄。或中间稍弯处的位置以及弯度必有差别。

从这些测量过程中发现以下四点：

（一）字中有四个小聚点，成一小方格

通用习字的九宫格或米字格并不准确，因为字的聚处并不在中心一点或一处，而是在距离中心不远的四角处。回忆幼年写九宫格、米字格纸时，一行三字的，常常第一字脚伸到第二格中，逼得第二字脚更多地伸入第三格中，于是第三字的下半只好写到格外，为这常受老师的指责。现在知道字的聚处不在“中心”处，再拿每串三大格的纸写字，就不致往下递相侵占了。

这种距离中心不远的四个聚处是：

A、B、C、D是四个聚处，当然写字不同机械制图，不需要那么精确。在它的聚处范围中，即可看出效果。（附图一）

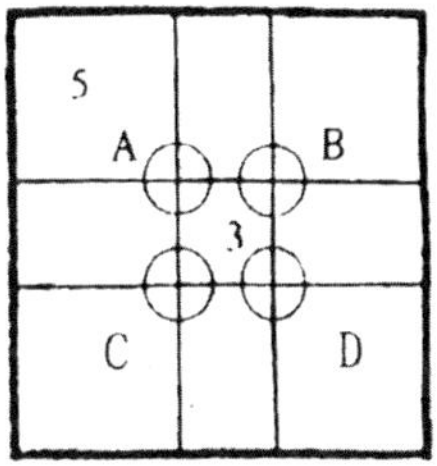

图一

从A到上框或左框是五，从A到下框或右框是八。其余可以类推。这种五比八，若往细里分，即是0. 382：0. 618，无论叫什么“黄金律”，“黄金率”，“黄金分割法”，“优选法”，都是这个而已矣。

须加说明的是，在测量过程中，碑帖上的字大小并不一律，当时只把聚点和边框的距离的实际数字记下来，然后换算

它们的比例。例如甲帖中某字，A处到上框是X，A处到下框是Y，即列成：

X：Y=5：8（或用0.382：0.618）

如果外项大于内项的，这个字便舒展好看，反之，便有长身短腿之感。也曾把帖字各按十三格分划后再看，更为清楚。

这个方形外框，并非任何字都可撑满的，如“一”、如“卜”、如“口”、如“戈”，等等，即属偏缺不满框格的，它是字形构造的先天特点。在人为的艺术处理上，写时也可近边框处略留余地。再细量古碑，有的几乎似有双重方框的（并非石上果有双重方框痕迹，只是从字的距离看去），似是。（附图二、三）

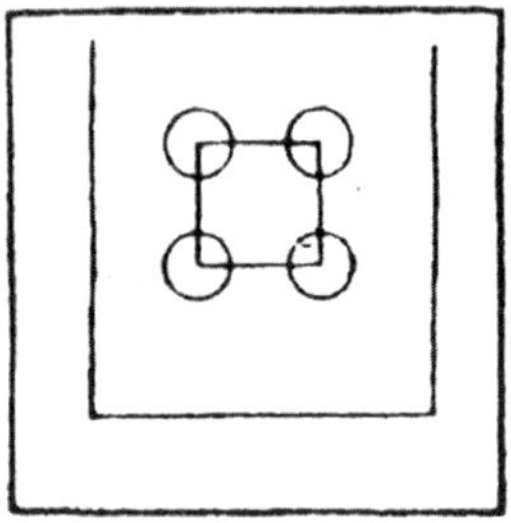

图二

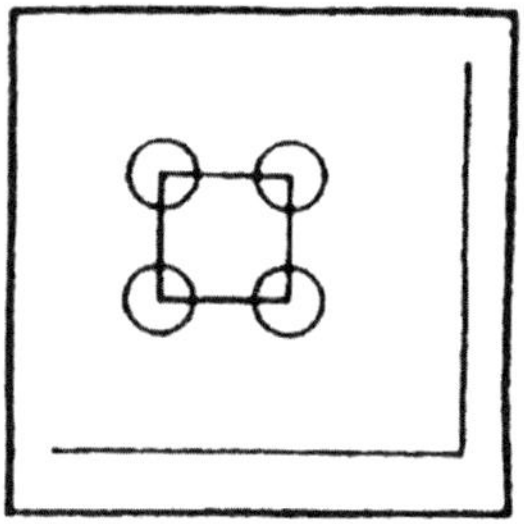

图三

也就是把那个中心四小聚处的小格再往中上或左上移些去写，或说大外框外再套两面或三面的一层外框，这在北朝碑中比较常见，若唐代颜真卿的《家庙碑》，把字撑满每格，于是拥挤迫塞，看着使人透不过气来。

这种格中写的字，可举几例：

“大”字的“一”至少挂住A处。“丿”至少通过A处，或还通过B处。“㇏”自A处通过D处。（附图四）

“戈”字“一”，通过A处，“㇂”通过A、D二处，“丿”交叉在D处，右上补一个点。（附图五）

图四

图五

“江”字上一“丶”向A处去，“㇀”向C处去，“二”分别靠近B、D。小“丨”，上接近B下接近D。（附图六）

“口”，无可接触交叉处，但在不失口字的特点（比“曰”字小些、比“日”字短些）前提下，包围靠近小方格的四周。（附图七）

“一”字在大格中的位置，总宜挂上A处。（附图八）

图六

图七

图八

其他的字，有不具备交叉或攒聚处的，也可用五比八的分割，或“图一”的中心小格“3”，放在帖字上看，便易抓住此字的特征或要点。笔画的向外伸延处，要看每笔外向的末梢，向什么方向伸延，它们的距离疏密是如何分布，也是结字方法中的一个组成部分。

（二）各笔之间，先紧后松

如“三”，上二横较近，下一横较远，如“三”便好看。反之，如“三”，便不好看。其他如“川”、“氵”、“彡”都是如此。若在某字中部，如“日”、“目”里边两个或三个白空，也宜逾下逾宽些，反之便不好看。此理可包括前条所谈的一字各笔向外伸延所呈现的角度。如果上方、左方的距离宽，下方、右方的距离窄，就不好看。如“米”字。

1、2小于3、4，3、4小于5、6，5、6又小于7、8。如果反过来写，效果是不问可知的了。（附图九）

又字中的部件，也常靠上靠左，例如“国”，“玉”在“囗”中，偏左偏上。如果偏靠右下，它的效果也是不问可知的。（附图十）

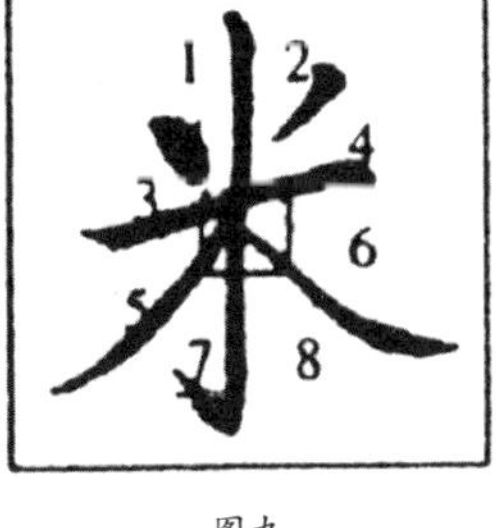

图九

图十

（三）没有真正的“横平竖直”

根据用坐标小格测定，没有真正死平死直的笔画，画中都有些弯曲，横画都有些斜上。这大约是人用右手执笔的原因。铅字模比较方板，但试把报纸上铅字翻过来映着光看，它的横画，都有些微向字的右上方斜去的情况。在右端上边还加一个黑三角“一”（附图十一）。给人的视觉上更觉得右上方是轨道的方向。铅字的竖笔，都在上下两端有个斜缺处“丨”（附图十四），这暗示了竖笔不是死直的，实际手写时，横有“~”“︵”势（附图十二、十三），竖有“⌇”“⌠”势（附图十五、十六），前人常说“一波（捺）三折”，其实何止波笔，每笔都不例外，只是有较显较隐罢了。

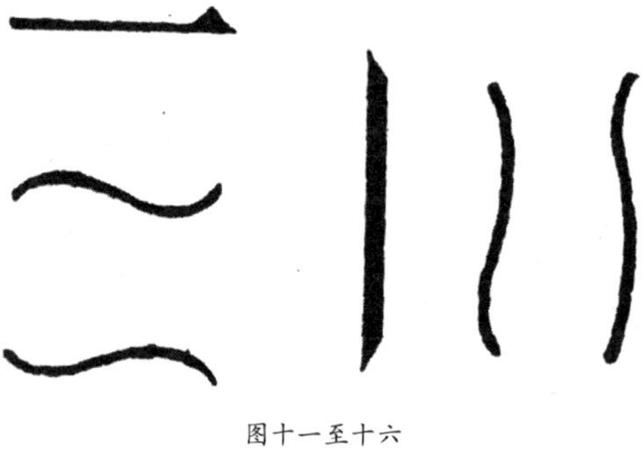

图十一至十六

（四）字的整体外形，也是先小后大

由于先紧后松的原关系，结成整字也必呈现先小后大，先窄后宽的现象，例如“上”，本来是上边小的，但若把“⺊”靠近“一”的左半，“上”便成了“”势，即不好看。“上”，成了势，便好看，因为它是左小右大的。“下”的“卜”也须偏右，若“”便不好看，因为下“”是左小，是右小，道理极其分明的。其余不难类推。也有本来左边长、重的，如“仁”，谁也无法把“二”写得比“亻”高大。但“二”的宽度，万不能小于“亻”的宽度。“|￣”势也是不得已的。至于势也有，可以用点画去调剂了。

至于“行气”，说法，总不易具体说清。若了解了中心四个小聚处的现象，即可看出，一行中各字，假若它们的A或C处站在一条竖线上，无论旁边如何左伸右扯，都能不失行气的连贯。当然写字时不易那么准确连贯，在写到偏离这条竖线时，另起竖线也有的，再在错了线的邻行近处加以补救，也是常见的，甚至是必不可少的，更是书家所各有妙法的。

以上只是曾向初学者谈的一些浅近的方法。至于早有成就、自具心得的书家，当然还有其他窍门和理论，我们相信必会陆续读到的。

从来学书法的人都知道，要写好行书宜先学楷书做基础。这个道理在哪里？也是“结字”的问题。行书是楷字的“连笔”、“快写”，有些楷字的细节，在行书中，可以给以“省并”。如“糹”旁可以写成“纟”，不但“幺”变成“纟”、“灬”也变成“⺀”。

行书虽有这样便利处，但也有必宜遵守的，即是笔画轨道的架子、形状，以至疏密、聚散各方面，宜与楷字相一致，也就是“省并”之后的字形，使人一眼望去，轮廓形状，还与楷字不相违背。

再具体些说，即是楷字中的笔画，虽然快写，但不超越、绕过它们原有的轨道，譬如火车，慢车每站必停，可比楷书；快车有些站可以不停。快车虽然有不停的站，但不能抛开中间的站，另取直线去行车。近年有些人写行书太快了，一次我见到一个字，上部是“〃”，下部是“车”，实在认不出。后从句义中知是“军”字，他把“冖”写了“〃”了，缩得太浓了，便不好认。又有人写“口”字作“h”形，左竖太长，右边太小。虽然行笔的轨道方向不错，但外形全变，也就令人不识了。

这只是说“行”与“楷”的关系，至于草书，比行书又简略了一步，则当另论了。

三　琐谈五则

在书法方面的交流活动中，有青少年提出的询问，有中年朋友提出的商榷，有老年前辈发出的指教，常遇几项问题，综合起来，计：学习书法的年龄问题；工具和用法的问题；临学和流派的问题；改进和提高的问题；关于“书法理论”的问题。

这里把走过弯路以后的一些粗浅意见，曾向不同年龄的同志们探讨后的初步理解，以下分别谈谈。因为对前列各章的专题无所归属，所以附在最后。

（一）学习书法的年龄问题

常有人问，学习书法是否应有“幼功”？还常问：“我已二三十岁了，还能学书法吗？”我个人的回答是：书法不同于杂技，腰腿灵活，需要自幼锻炼，学习书法艺术，甚至恰恰相反。小孩对那些字还不认识，怎提得到书写呢？现在小孩在“功课本”上用铅笔写字，主要的作用是使他记住笔画字形，实是认识字、记住字的部分手段。今天小孩练毛笔字，作为认字、记字的手段外，还有培养对民族传统艺术的认识和爱好的作用，与科举时代的学法和目的大有不同。

科举时代，考卷上的小楷，成百成千的字，要求整齐划一，有如印版一般，稍有参差，便不及格，这种功夫，当然越早练越深刻，它与弯腰抬腿，可以说“异曲同工”，教法也是机械的、粗暴的。这种教法的目的，与今天的提倡有根本区别。但我有一次遇到一个家长，勒令他的几岁小孩每天必须写若干篇字，缺了一篇，不许吃饭。我当面告诉他：“你已把小孩对书法的感情、兴趣杀死，更无望他将来有所成就了。”

正由于人的年龄大了，理解力、欣赏力强了，再去练字，才更易有见解、有判别、有选择，以至写出自己的风格。所以我个人的答案是：练写字与练杂技不同，是不拘年龄的。但练写字要有合理的方法，熟练的功夫，也是各类年龄人同样需要的。

（二）执笔和指、掌、腕、肘等问题

关于执笔问题，在这里再谈谈我个人遇到过的一些争论：什么单钩、双钩、龙睛、凤眼等等，固然已为大多数有实践经验的书法家所明白，无须多谈，也不必细辨，都知道其中由于许多误会，才造成一些不切实际的定论，这已不待言。这里值得再加明确一下的，是究竟是否执好了笔就能会用笔，写好字？进一步谈，究竟是否必须悬了腕、肘才能写好字？

据我个人的看法，手指执笔，当然是写字时最先一道工序，但把所有的精神全放在执法上，未免会影响写字的其他工序。我觉得执笔和拿筷子是一样的作用，筷子能如人意志夹起食物来即算拿对了，笔能如人意志在纸上画出道来，也即是执对了。“指实、掌虚”之说，是一句骈偶的词组，指与掌相对言，指不实，拿不起笔来；它的对立词，是“掌虚”。甚至可以理解为说明“掌虚”的必要性，才给它配上这个“指实”的对偶词。“实”不等于用大力、死捏笔；掌的“虚”，只为表明无名指和小指不要抠到掌心处。为什么？如果后二指抠入掌心窝内，就妨碍了笔的灵活运动。这个道理，本极浅显。有人把“指实”误解为用力死捏笔管，把“掌虚”说成写字时掌心处要能攥住一个鸡蛋。诸如此类的附会之谈，作为谐谈笑料，固无不可，但绝不能信以为真！

不知从何时何人传起一个故事，《晋书》说王献之六七岁时练写字，他父亲从后拔笔，竟没拔了去。有六七岁儿子的父亲，当然正在壮年，一个壮年男子，居然拔不动小孩手里的一支笔，这个小孩必不是“书圣”王羲之的儿子，而是一个“天才的大力士”。这个故事即使当年真有，也不过是说明小孩注意力集中，而且警觉性很灵，他父亲“偷袭”拔笔，立刻被他发现，因而没拔成罢了。这个故事，至今流传，不但家喻户晓，而且成了许多家长和教师的启蒙第一课，真可谓流毒甚广了！

至于腕肘的悬起，不是为悬而悬的，这和古人用“单钩”法执笔是一样的问题：大约五代北宋以前，没有高桌，席地而坐。左手拿纸卷，右手拿笔，纸卷和地面约成三十余度角，笔和纸面垂直，右手指拿笔当然只能像今天拿钢笔那样才合适，这就是被称的单钩法。这样写字时，腕和肘都是无所凭依的。不想悬也得悬，因为无处安放它们。这样写出的字迹，笔画容易不稳，而书家在这样条件下写好了的字，笔画一定是能在不稳中达到稳，效果是灵活中的恰当，比起手腕死贴桌面写出的字要灵活得多的。

从宋以后，有了高桌，桌面上升，托住腕臂，要想笔画灵活，只好主动地、有意地把腕臂抬起些。至于抬起多么高，是腕抬肘不抬，是腕肘同样平度地抬，是半臂在空中腕比肘高些有斜度地抬，都只能是随写时的需要而定。比如用筷，夹自己碗边的小豆，夹桌面中心处的一块肉，还是夹对面桌边处的大馒头，当时的办法必然会各有不同。拿筷时手指的活动，夹菜时腕肘的抬法，从来没有用筷夹菜的谱式而人人都会把食物吃到口中。

书法上关于指、腕、肘、臂等等问题道理不过如此，按各个人的生理条件，使用习惯，讲求些也无妨碍，但如讲得太死，太绝对，就不合实际了。附带谈谈工具方面的事，主要是笔的问题。有人喜爱用硬毫笔，如紫毫（即兔毛中的硬毛部分），或狼毫（即黄鼬的尾毛），有人喜用软毫，如羊毛或兼毫（即软硬两种毫合制的）。硬毫弹力较大，更受人欢迎，但太容易磨秃，不耐用，软毫弹力小，用着费力而不易表现笔画姿态，这两种爱用者常有争论。我体会，如果写时注意力在笔画轨道上，把点画姿态看成次要问题，则无论用软毫硬毫，都会得心应手。写熟了结字，即用钢条在土上划字与拿着棉团蘸水在板上划字，一样会好看的。

（三）临帖问题

常有人问，入手时或某个阶段宜临什么帖，常问“你看我临什么帖好”，或问“我学哪一体好”，或问“为什么要临帖”，更常有人问“我怎么总临不像”，问题很多。据我个人的理解，在此试作探讨：

“帖”这里做样本、范本的代称。临学范本，不是为和它完全一样，不是要写成为自己手边帖上字的复印本，而是以范本为谱子，练熟自己手下的技巧。譬如练钢琴，每天对着名曲的谱子弹，来练基本功一样。当然初临总要求相似，学会了范本中各方面的方法，运用到自己要写的字句上来，就是临帖的目的。

选什么帖，这完全要看几项条件，自己喜爱哪样风格的字，如同口味的嗜好，旁人无从代出主意。其次是有哪本帖，古代不但得到名家真迹不易，即得到好拓本也不易。有一本范本，学了一生也没练好字的人，真不知有多少。现在影印技术发达，好范本随处可以买到，按照自己的爱好或“性之所近”去学，没有不收“事半功倍”的效果的。

“选范本可以换吗？”学习什么都要有一段稳定的熟练的阶段，但发现手边范本实在有不对胃口或违背自己个性的地方，换学另一种又有何不可？随便“见异思迁”固然不好，但“见善则迁，有过则改”（《易经》语）又有何不该呢？

或问：“我怎么总临不像？”任何人学另一人的笔迹，都不能像，如果一学就像，还都逼真，那么签字在法律上就失效了。所以王献之的字不能十分像王羲之，米友仁的字不能十分像米芾。苏辙的字不能十分像苏轼，蔡卞的字不能十分像蔡京。所谓“虽在父兄，不能以贻子弟”（曹丕语），何况时间地点相隔很远，未曾见过面的古今人呢？临学是为吸取方法，而不是为造假帖。学习求“似”，是为方法“准确”。

问：“碑帖上字中的某些特征是怎么写成的？如龙门造像记中的方笔，颜真卿字中捺笔出锋，应该怎么去学？”圆锥形的毛笔头，无论如何也写不出那么“刀斩斧齐”的方笔画，碑上那些方笔画，都是刀刻时留下的痕迹。所以，见过那时代的墨迹之后，再看石刻拓本，就不难理解未刻之先那些底本上笔画轻重应是什么样的情况。再能掌握笔画疏密的主要轨道，即使看那些刀痕斧迹也都能成为书法的参考，至于颜体捺脚另出一个小道，那是唐代毛笔制法上的特点所造成，唐笔的中心“主锋”较硬较长，旁边的“副毫”渐外渐短，形成半个枣核那样，捺脚按住后，抬起笔时，副毫停止，主锋在抬起处还留下痕迹，即是那个像是另加的小尖。不但捺笔如此，有些向下的竖笔末端再向左的钩处也常有这种现象。前人称之为“蟹爪”，即是主锋和副毫步调不能一致的结果。

又常有人问应学“哪一体”？所谓“体”，即是指某一人或某一类的书法风格，我们试看古代某人所写的若干碑，若干帖，常常互有不同处。我们学什么体，又拿哪里为那体的界限呢？那一人对他自己的作品还没有绝对的、固定的界限，我们又何从学定他那一体呢？还有什么当先学谁然后学谁的说法，恐怕都不可信。另外还有一样说法，以为字是先有篆，再有隶，再有楷，因而要有“根本”、“远源”，必须先学好篆隶，才能写好楷书。我们看鸡是从蛋中孵出的，但是没见过学画的人必先学好画蛋，然后才会画鸡的！

还有人误解笔画中的“力量”，以为必须自己使劲去写才能出现的。其实笔画的“有力”，是由于它的轨道准确，给看者以“有力”的感觉，如果下笔、行笔时指、腕、肘、臂等任何一处有意识地去用了力，那些地方必然僵化，而写不出美观的“力感”。还有人有意追求什么“雄伟”、“挺拔”、“俊秀”、“古朴”等等被用作形容的比拟词，不但无法实现，甚至写不成一个平常的字了。清代翁方纲题一本模糊的古帖有一句诗说：“浑朴当居用笔先。”我们真无法设想，笔还没落时就先浑朴，除非这个书家是个婴儿。

问：“每天要写多少字？”这和每天要吃多少饭的问题一样，每人的食量不同，不能规定一致。总在食欲旺盛时吃，消化吸收也很容易。学生功课有定额是一种目的和要求，爱好者练字又是一种目的和要求，不能等同。我有一位朋友，每天一定要写几篇字，都是临张迁碑，写了的元书纸，摞在地上，有一人高的两大摞。我去翻看，上层的不如下层的好。因为他已经写得腻烦了，但还要写，只是“完成任务”，除了有自己向自己“交差”的思想外，还有给旁人看“成绩”的思想。其实真“成绩”高下不在“数量”的多少。

有人误解“功夫”二字。以为时间久、数量多即叫做“功夫”。事实上“功夫”是“准确”的积累。熟练了，下笔即能准确，便是功夫的成效。譬如用枪打靶，每天盲目地放百粒子弹，不如精心用意手眼俱准地打一枪，如能每次二射中一，已经不错了。所以可说：“功夫不是盲目的时间加数量，而是准确的重复以达到熟练。”

（四）改进和提高的办法

常常有人拿写的字问人，哪里对，哪里不对。共同商讨研究，请人指导，本是应该的，甚至是必要的。但旁人指出优缺点以及什么好方法，自己再写，未必都能做到。我自己曾把写出的字贴在墙上，初贴的当然是自己比较满意的甚至是“得意”的作品。看了几天后，就发现许多不妥处，陆续再贴，往往撤下以前贴的。假如一块墙壁能贴五张，这五张字必然新陈代谢地常常更换。自己看出的不足处，才是下次改进的最大动力，也是应该怎样改的最重要地方。如果是临的某帖，即把这帖拿来竖起和墙上的字对看，比较异处同处，所得的“指教”，比什么“名师”都有效。

为什么贴在墙壁上看，因为在高桌面上写字，自己的眼与纸面是四十五度角，写时看见的效果，与竖起来看时眼与纸面的垂直角度不同。所以前代有人主张“题壁”式的练字，不仅是为什么悬腕等等的功效，更是为对写出的字当时即见出实际的效果，这样练去，落笔结字都易准确的。这里是说这个道理，并非今天练字都必须用这方法。

（五）看什么参考书

古代论书法的话，无论是长篇或零句，由于语言简古，常常词不达意，甚或比拟不伦。梁武帝《书评》论王羲之的字如“龙跳天门，虎卧凤阁”，米芾批评这二句“是何等语”。这类比喻形容，作为风格的比拟，原无不可，但作为实践的方法，又该怎样去做呢？还有前代某家有个人的体会，发为议论，旁人并无他的经历，又无他所具有的条件，即想照样去做，也常无从措手的。古代的论著，当然以唐代孙过庭的《书谱》为最全面，也确有极其精辟的理论。但如按他的某句去练习，也会使人不知怎样去写。例如他说“带燥方润，将浓遂枯”，又说“古不乖时，今不同弊”，不错，都是极重要的道理。但我们写字，又如何能主动地合乎这个道理，恐怕谁也找不出具体办法的。又像清代人论著，包世臣的《艺舟双楫》和康有为的《广艺舟双楫》影响极大。姑不论二书的著者自己所写的字，有多少能实践他自己的议论，即我们今天想忠实地按他们书中所说的做去，当然不见得全无好效果，但效果又究竟能有多大比重呢?

因此把参考理论书和看碑帖或临碑帖相比，无疑是后者所收的效益比前者所收的效益要多多了。这里所说，不是一律抹杀看书法“理论书”，只是说直接效益的快慢、多少。譬如一个正在饥饿的人，看一册营养学的书，不如吃一口任何食品。

常听到有人谈论简化汉字的书法问题，所议论甚至是所争论的内容，大约不出两个方面：

一是好写不好写。我个人觉得，从《说文解字》到《康熙字典》所载被认为是“正字”的字，已经是陆续简化或变形的结果，例如“雷”字，在古代金文中，下边是四个“田”字作四角形地重叠着，写成一个“田”字时，岂非简掉了四分之三？如“人”字，原来作“”，像侧立着的人形，后变成“”，再变成“亻”、“人”，认不出侧立的人形，只成接搭的两条短棍。论好看，楷体的“雷”、“人”，远不如金文中这两个字的图画性强。但用着方便，谁在写笔记、写稿、写信时，恐怕都没有用“金文”或“隶古定”体来逐字去写的。人对一切事物，在习惯未成时，总觉得有些别扭，并不奇怪的。

二是怎样写法。我个人觉得简化字也是楷字点画组成的。例如“拥护”，“扌”人人会写，“用”和“户”也是常用字，只是“扌”、“用”、“户”三个零件新加拼凑的罢了。我们生活中，夏天穿了一条黄色裤子，一件白色衬衫，次日换了一条白色裤子，黄色衬衫，无论在习惯上、审美上都没有妨碍。如果说这在史书的《舆服志》上没有记载，那岂不接近“无理取闹”了吗？即使清代科举考试中了状元的人，若翻开他的笔记本、草稿册来看，也绝对不会每一笔每一字都和他的“殿试大卷子”上边的写法一个样。再如苏东坡的尺牍中总把“萬”字写作“万”，米元章常把“體”字写成“躰”。清代人所说的“帖写字”即是不合考试标准的简化字。

有人曾问我：有些“书法家”不爱写“简化字”，你却肯用简化字去题书签、写牌匾，原因何在？我的回答很简单：文字是语言的符号，是人与人交际的工具。简化字是国务院颁布的法令，我来应用它、遵守它而已。它的点画笔法，都是现成的，不待新创造，它的偏旁拼配，只要找和它相类的字，研究它们近似部分的安排办法，也就行了。我自己给人写字时有个原则是，凡作装饰用的书法作品，不但可以写繁体字，即使写甲骨文、金文，等于画个图案，并不见得便算“有违功令”，若属正式的文件、教材，或广泛的宣传品，不但应该用规范字，也不宜应简的不简。

有人问练写字、临碑帖，其中都是繁体字，与今天贯彻规范字的标准岂不背道而驰。我的理解，可做个粗浅的比喻来说，碑帖好比乐谱。练钢琴、弹贝多芬的乐谱，是练指法、练基本技术等等，肯定贝多芬的乐谱中找不出现代的某些调子。但能创作新乐曲的人，他必定通过练习弹名家乐谱而学会了基本技术的。由此触类旁通，推陈出新，才具备音乐家的多面修养。在书法方面，点画形式和写法上，简体和繁体并没有两样；在结字上，聚散疏密的道理，简体和繁体也没有两样，只如穿衣服，各有单、夹之分，盖楼房略有十层、三层之分而已。

《论书绝句》（选）

四

底从骏骨辨媸妍，定武椎轮且不传。
赖有唐摹存血脉，神龙小印白麻笺。

王羲之等若干人在会稽山阴兰亭水边修禊赋诗事，早有文献记载，兰亭序帖，乃当日诸人赋诗卷前之序。流传至唐太宗时，命拓书人分别钩摹，成为副本。摹手有工有拙，且有直接钩摹或间接钩摹之不同，因而艺术效果往往悬殊。今日故宫博物院所藏有神龙半印之本，清代题为冯承素摹本，笔法转折，最见神采。且于原迹墨色浓淡不同处，亦忠实摹出，在今日所存种种兰亭摹本中，应推最善之本。

钩摹向拓，精细费工，在唐代已属难得之珍品，至宋代更不易得。于是有人摹以刻石，其石在定武军州，遂称为定武本，北宋人以其易得，于是求购收藏，遂成名帖。实则只存梗概，无复神采。试与唐摹并观，如棋着之判死活，优劣立见矣。至清代李文田习见碑版字体刻法，而疑禊序，不过见橐驼谓马肿背耳。

五

风流江左有同音，折简书怀语倍深。

一自楼兰神物见，人间不复重来禽。

楼兰出土晋人残笺云："□（无）缘展怀，所以为叹也。"笔法绝似馆本十七帖。楼简出土残纸甚多，其字迹体势，虽互有异同，然其笔意生动，风格高古，绝非后世木刻石刻所能表现，即唐人向拓，亦尚有难及处。

如残纸中展怀一行，下笔处即如刀斩斧齐，而转折处又绵亘自然，乃知当时人作书，并无许多造作气，只是以当时工具，作当时字体。时代变迁，遂觉古不可攀耳。

张勺圃丈旧藏馆本十七帖，后有张正蒙跋，曾影印行世，原本今藏上海图书馆，有新印本，其本为宋人木板所刻，锋锻略秃，见此楼兰真迹，始知右军面目在纸上而不在木上。譬如画像中难须眉毕具，而謦欬不闻，转不如从其弟兄以想见其音容笑貌也。

八

烂漫生疏两未妨，神全原不在矜庄。

龙跳虎卧温泉帖，妙有三分不妥当。（当字平读）

唐太宗书碑有二，曾自以二碑拓本赐外国使臣，其得意可知。温泉铭早佚，晋祠铭尚存，但历代捶拓，已颓唐无复神采。真绛帖中摹刻温泉铭铭词一段，标题曰秀岳铭，盖据首句“岩岩秀岳”为题，并不知其为温泉铭。是潘师旦所见，已是残本。此真绛帖今存者已稀，清代南海吴荣光旧藏者，现在北京故宫博物院。吴氏曾摹入筠清馆帖，距绛帖又隔一层矣。

敦煌本温泉铭最前数行亦残失，幸以下无损。米芾“庄若对越，俊如跳掷”之喻，正可借喻。

书法至唐，可谓瓜熟蒂落，六朝蜕变，至此完成。不但书艺之美，即摹刻之工，亦非六朝所及。此碑中点画，细处入于毫芒，肥处弥见浓郁，展观之际，但觉一方黑漆板上用白粉书写而水迹未干也。

其字结体每有不妥处，譬如文用僻字，诗押险韵，不衫不履，转见丰采焉。

二十五

军阀相称你是贼，谁为曹刘辨白黑。

八分至此渐浇漓，披阅经年无所得。

曹真残碑。

此碑文中有“蜀贼诸葛亮”之语，初出土时，为人凿去“贼”字，故有贼字者，号蜀贼本，无贼字者，号诸葛亮本。继而诸葛亮三字又为人凿去。世虽以蜀贼字全者相矜尚，然实未尝一见也。有其字者，多出移补，或翻刻者。

桀犬吠尧，尧之犬亦吠桀也。犬之性，非独吠人，且亦吠犬，唯生而为桀之犬，则犬之不幸耳。人能无愧其为人，又何惭于犬之一吠哉！明乎此，知凿者近于迂而宝者近于愚矣。

汉隶至魏晋已非日用之体，于是作隶体者，必夸张其特点，以明其不同于当时之体，而矫揉造作之习生焉。魏晋之隶，故求其方，唐之隶，故求其圆，总归失于自然也。

此类隶体，魏曹真碑外，尚有王基残碑，实则尊号、受禅、孔羡诸石莫不如此。晋则关雍碑，煌煌巨制，视魏隶又下之，观之如嚼蔗滓，后世未见一人临学，岂无故哉！

三十二

题记龙门字势雄，就中尤属始平公。

学书别有观碑法，透过刀锋看笔锋。

龙门造像题记数百种，拔其尤者，必以始平公为最，次则牛橛，再次则杨大眼。其余等诸自郐。

始平公记，论者每诧其为阳刻，以书论，固不以阴阳刻为上下床之分焉。可贵处，在字势疏密，点画欹正，乃至接搭关节，俱不失其序。观者目中，如能泯其锋棱，不为刀痕所眩，则阳刻可作白纸墨书观，而阴刻可作黑纸粉书观也。

此说也，犹有未尽，人苟未尝目验六朝墨迹，但令其看方成圆，依然不能领略其使转之故。

譬如禅家修白骨观，谓存想人身，血肉都尽，唯余白骨。必其人曾见骷髅，始克成想。如人未曾一见六朝墨迹，非但不能作透过一层观，且将不信字上有刀痕也。

余非谓石刻必不可临，唯心目能辨刀与毫者，始足以言临刻本，否则见口技演员学百禽之语，遂谓其人之语言本来如此，不亦堪发大噱乎！

四十

事业贞观定九州，巍峨宫阙起麟游。
行人不说唐皇帝，细拓丰碑宝大欧。（观从平读）

九成宫醴泉铭。

唐太宗集矢于弟兄，露刃于慈父，翦灭群雄，自归余事。避暑九成，甘泉纪瑞，所以粉饰鸿业者至矣。魏钜鹿之文，欧渤海之字，俱一时之上上选也。然今之宝此碑者，一波一磔，辨入毫芒；或损或完，价殊天地者，但以其书耳。至其文，群书具在，披读非难，而必挂壁摊床，通观首尾者，意不在义明矣。文且无关，何有于事？事之不问，何有于人？乃知挂弓之虬须，有愧于书碑之鼠须多矣！

每见观碑之士，口讲指画者，未尝有一语及于史事，以视白头宫女，闲说玄宗，情殊冷暖，其故亦有可思者。此石今在西安，累代毡捶，已邻没字。而观者摩挲，犹诧为至宝。至榷场翻摹，秦家精刻，至今尚获千金之享，故昔人云：翰墨之权，堪埒万乘也！

八十四

钟王逐鹿定何如，此是人间未见书。

异代会心吾不忝，参天两地一朱驴。

八大山人书，早岁全似董香光，其四十余岁自题小像之字可见也。厥后取精用宏，胆与识，无不过人，挥洒纵横，沉雄郁勃，不佞口门恨窄，莫由仰为赞喻！

大抵署传綮款时，已渐趋方劲，所以破早岁香光习气也。署八大山人款后，亦有一时作方笔者，且不但字迹点画之方，所画花头树叶乃至鸟眼兔身，无不棱角分明，观之令人失笑。其胸襟之欲吐者，亦俱于棱角中见之。再后渐老渐圆，李泰和之机趣，时时流露，而大巧寓于大拙之中，吾恐泰和见之，亦当爽然自失，能逮其巧，不能逮其拙焉。

世事迁流，书风递变。晚明大手笔，亦常见石破天惊之作。然必大声镗鞳，以振聋聩，不若山人之按指发光。所谓“嬉笑之怒，甚于裂眦”者也。

山人署名，每自书“驴”、“屋驴”等，从来未见自书“雚”字者。久之乃悟雚盖晚明时驴字之俗体，与古文之雚字无涉。正如西游记夯汉之为笨汉，与夯土之夯无涉也。传画史者不忍直书马旁之驴，而转从俗作耳。

书画碑帖题跋（选）

跋张猛龙碑

右魏张猛龙碑一册，蝉翼淡墨，字口分明。以校碑字诀证之，“冬温夏凊”不损，“盖魏”二字不连，知为明拓善本。余以往所见明拓，有略早于此者，未有精于此者。惜自“之恤”起数行原本失坠，前代藏家取稍后之精拓补足，并缀碑阴，纸墨拓工，俱堪颉颃，其碑阳补字中有残泐数处，余据另一明拓淡墨本，以向拓之法足成之。此册去岁见之于厂肆，几经周折，时逾一年，始以旧帖七种易得之。因忆赵子固购兰亭，经三十三年方得入手，入手仅四十日，竟以舟覆落水，登岸烘焙，亲为粘葺，手书长跋，自叹造物嫉其得宝。余今获此册，实较易于子固，甘取爨下之桐，庶几造物不嫉，而戒盈求阙之义，开帙得鉴，岂独书法超妙，氊蜡精工，为足益人神智已哉。夫孙子膑而史迁宫，犹足致庞涓死而汉武惧。今兹重合断璧，竟使余心动经年，夜眠不著，其余威盛烈，不亦概可见乎？其书者、刻者、拓者、装者，名氏虽不可知，然吾知其下泉倘得晤对，必将相与拊双掌，竖巨擘，欣然共庆，又获一异代赏音曰启功元伯焉。而余之钩填浓淡，决眦于秋毫之末，神明焕然，旧观用以顿还者，又恨诸贤之不及见也。因为六绝句以赞之，诗曰：

清颂碑流异代芳，真书天骨最开张。
小人何处通温情，一字千金泪数行。
数行古刻有余师，焦尾奇音续色丝。
始识彝斋心独苦，兰亭出水补粘时。
世人那得知其故，墨水池头日几临。
可望难追仙迹远，长松万仞石千寻。
江表巍然真逸铭，迢迢鲁郡得同声。
浮天鹤响禽鱼乐，大化无方四海行。
铭石庄严简札遒，方圆合一费探求。
萧梁元魏先河在，结穴遥归大小欧。

出墨无端又入杨，前摹松雪后香光。

如今只爱张神冏，一剂强心健骨方。

壬寅四月廿五日得碑逾五十日书　　启功

（《启功题跋书画碑帖选》，北京师范大学出版社、文物出版社，上册第3页。）

跋明钟礼八仙图卷

明代画院名手，继承宋人法度，视李希古、马钦山诸家，虽或厚薄略殊，可喜其典型具在。当时文人点染水墨云烟，缀以诗篇，书以行草，未尝不淋漓满卷，而求其运斤成风，穿杨破的，人形物态曲得其真者，则不免有上下床之别矣。此卷钟钦礼画八仙，精工俊爽，毫无拖沓之习。盖用意之作，非率尔应酬之笔也。钦礼名礼，上虞人，弘治中直仁智殿。其画传世甚少，殆多遭割截款字以充宋画耳。八仙故事，昔年浦江清教授曾为文详考之，载在《清华学报》，惜其未见此卷以校传说仙人次第也。

一九七八年五月，思政同志自粤来京，携此见示。余每疑世传宋画中多明人之迹，而苦难索其谁某，见此而获其一证

焉。雨夜涤砚，快然题尾。　启功

（《启功题跋书画碑帖选》，北京师范大学出版社、文物出版社，上册第12页。）

题吴子玉唐人诗意图

子玉先生系出筠清，望标南海，博综众艺，世守书香，于六法一道，尤具夙慧。昔贤有云：师古人不如师造化。虽然名论不刊，窃谓尚有未达之一间。盖所谓“古人”乃指古之宗匠。唐若吴、王、二李之笔，今已不得而见；北宋若范宽、郭熙，南宗（宋）若刘、李、马、夏，罔非当时高手。其所作，当时则千锤百炼，至今则历劫不磨；谛观其景物，似曾相识，大地山河，不啻亲历之境。其笔墨，则如行文措语皆我腹中之所欲言。而所写一树一石，又各与一点一拂相融洽。如此之古人手笔，何一非古时之造化耶！譬之于物，古之高手蜜蜂也，古之山川花蕊也，高手之剧迹蜂蜜也。于今倘率意而言师造化，则如摘花蕊于杯盘而令人食之，其奈难于下咽何！总之，师古人者，宜师古人之所以师造化；师造化者，宜师蜜蜂之所以酝酿花蕊。则画山水者，不画泥石流、龙卷风，未为不师造化也。子玉先生画，见者诧其天然，酷似石涛济。吾固未尝一见其临摹济师画本者，盖能妙得济师之所以师造化，此其所以为张内江后独步当代之吴南海欤！此册写唐人诗意，观者特服其不脱不粘，子则以为，古人诗意花蕊也，出于名家之笔者，已经酝酿之蜂蜜也。若宋人所记宋画院以诗句试画手故事，一似诗句之图解，但可谓之画谜耳。观于子玉先生此册，乃知昔人轻视宋画院中常流之作，不为无故者也。

公元一九九三年五月　启功识于坚净居　时年八十

（《启功题跋书画碑帖选》，北京师范大学出版社、文物出版社，上册第68页。）

跋唐人写《妙法莲华经》卷

右唐人写《妙法莲华经》卷一《序品》后半、《方便品》前半，共二百二十九行，硬黄纸本。前有“大兴乐氏考藏金石书画之记”朱文印。余以重值得之遵化秦氏。以书体断之，盖为初唐之迹。“世”字已有缺笔，当在高宗显庆以后耳。此卷笔法骨肉得中，意态飞动，足以抗颜、欧、褚。在鸣沙遗墨中，实推上品。或曰：此经生俗书，何足贵乎？应之曰：自袁清容误题《灵飞经》为钟绍京后，世悉以经生为可大，虽精鉴如董香光，尚未能悟。夫绍京书家也，经生之笔，竟足以当之，然则经生之俗处何在？其与书家之别又何在？固非有真凭实据也。余生平所见唐人经卷不可胜计。其颉颃名家碑版者，更难指数。而墨迹之笔锋使转，墨华绚烂处，俱碑版中所绝不可见者。乃知古人之书记石刻以传者，皆形在神亡，迥非真面矣。世既号写经为俗书，故久不为好事家所重，而其值甚廉。余今竟以卑辞厚币聘此残卷，正以先贤妙用于斯可窥，古拓名高，徒成骏骨耳。赞曰：墨沈欲流，纸光可照。唐人见我，相视而笑。启功

此跋辛巳年作，稿存箧中，未及录入。后十九年，岁在庚子，展阅书之。多病眼花，笔枯腕涩，终于落墨者，自分自今以往，衰减可知，姑留鸿爪，与后之得此卷者，一结墨缘。

启功　字元白　时居燕市西直门小乘巷借居，亦自号曰小乘客焉

（《启功题跋书画碑帖选》，北京师范大学出版社、文物出版社，上册第132页。）

跋郭有道碑

世人闻蔡邕能文，又尝撰碑颂，遂以汉世诸碑之撰者归之。于是辑《蔡中郎集》者，抄录诸碑，咸纳其中，至同一人之碑，再出三出，虽彼此重复，不顾也。又闻伯喈能书，曾写《鸿都石经》，于是汉世诸碑之书者俱归之，虽年代乖舛不顾也。如《范式碑》赫然署青龙年号，而翁覃溪亦必委屈解说，必归之中郎而后已。至《郭有道碑》为蔡文之较可信者，其书固不知为谁何之笔，世人更必属之中郎而后快，当蔡中郎之名沦浃既深，群以为必如我心目中之形状，始为真笔。及见其碑，与意中预悬者不符，又必指摘瑕疵，辨为伪作。正如西施遗体，苟如近出长沙墓中汉轪侯夫人之发肤完好，观者必戟指顿足，斥其非真。叶公之见，本为自古之常情，殊不足怪也。且唐以前书碑之役，不过书佐、典等之职责，至唐世帝王亲自操觚，于是丰碑大碣，始以名宦之书为重，不知汉世固不如是。至石经之刻，指令既出帝王，文字更属经典，书者贵在精审，不尽为书法之美，且各经出于众手，并非全属中郎，与群碑之一手书丹者，亦不能并论也。此本《郭有道碑》，无论其为原石，为重摹，吾观其体势端重，颇似《刘熊碑》，其为汉人真面，毫无可疑，藉使出于宋人重刻，亦如唐摹晋帖下真迹一等，况其未必果非原石乎？此石拓本流传既少，见者至对面不相识，如昔年潘氏藏整幅未剪本，山东重出土之残石半截本，与此俱合符契，而论者于潘本及残石本犹致然疑，见此可息众喙矣。

君郁先生癖好金石，多收善本，世藏此碑，什袭珍重，谬以功为可语斯道，出以相示。抵掌谈汉碑书人事，亦有会心，因书所谈者于册尾。至《刘熊碑》亦非蔡书，功曾撰文论之，亦君郁先生所印可者也。

一九七三年夏　启功

（《启功题跋书画碑帖选》，北京师范大学出版社、文物出版社，上册第175页。）

柳公权书僧端甫塔铭跋

右旧拓柳公权书《僧端甫塔铭》，以相传之校碑字诀证之，“超”字未损，拓时可及明初。柳书之合作，推其真书大字，煊赫之品，今唯存《神策军碑》及此塔铭，其余皆所不逮。《神策》意态偏秾，余更喜此铭多清疏之致。原石尚存西安碑林，但石面以久拓磨损，字迹仅存间架而已。此本点画无恙，血肉俱存，持比宋拓，略无轩轾；唯旧装曾经湿霉，数处纸质敝残，固无碍于临池赏玩也。手自粘缀，以待他日遇良工，重加装治。按：僧端甫盖一梵僧之子，道行无闻。碑文出裴休手，休嗣法黄檗希运（见于《景德传灯录》），所撰《圭峰宗密碑》亦以文字为金汤。而郭宗昌评此塔铭，病其但述宠遇人主，倾动贵众，不知实独具阳秋也。其记端甫之惑时君，则曰“迎合上旨”；记其惑徒众，则曰“梦吞舍利”。其寓意之微，已可见矣。夫舍利之事，佛典、僧传中固常见之，得者皆以虔敬自致其诚，未闻吞食能证佛果，实吞尚无补于得道，况梦吞乎？且自言“梦吞”，又谁见之？欺人之术，亦云浅矣。碑文又云：“迎真骨于灵山，开法场于秘殿。”韩愈表谏，即为此事。余昔尝谓韩愈谏迎佛骨，首以年寿修短立论，未免门外之谈，宜无以胜僧家之辩。今按：端甫之导宪宗，与其说梦无异，俱不离舍利一事，其于佛法，盖除舍利外，别无所知。以视韩愈，犹半斤之于八两，唯端甫售其欺，宪宗受其欺，何预韩愈之痛痒？乃知汲汲封章，如非沽名，定属多事耳。柳公权书，史称其“体势劲媚”，此论最为知言。但由史传曾记其对穆宗有“心正笔正”一语，于是谈柳书者，人人拈此，一似此外一无足道。夫书法之美恶，原与笔之攲正无关，公权不以笔法直告其君，而另引出“心正笔正”之说，若曰：“吾笔既正，足证吾心之正。”其自誉之术，亦云巧矣。按：神策军腥彰史（原文衍一“史”字）册，僧端甫佞比权奸，试问其书此二碑时，心在肺腑之间邪？抑在肘腋之后邪？昔米芾多见法书墨迹，屡称公权为“丑怪恶札之祖”，然则自诩为心笔俱正者，又何救于丑怪乎？就碑论书，吾但赏其体势劲媚，而不计其曾为丑怪恶札之祖，更赏此拓之神采犹在，而不顾其纸敝墨渝也。至于“大连”、“玄秘”诸称，吾所不取，必也正名，改题如右云。赞曰：端甫说梦欺痴愚，时君受惑堪轩渠。吞舍利外一技无，梵僧之子黔之驴。韩愈多事捋虎须，沽名取逐非冤诬。依然列戟潮州居，毕竟遣殃唯鳄鱼。裴休嗣法称佛徒，辩才每度骅骝趋。斯文振笔无阿谀，阳秋独获衣中珠。公权机巧工自誉，心正笔正何关书。体势劲媚姿态殊，丑怪之祖吾不如。精粘细校毫厘区，行观坐对枕卧具。当年人物同丘墟，残煤败楮成璠玙，性命以之何其迂。

一九六三年

（《启功题跋书画碑帖选》，北京师范大学出版社、文物出版社，下册第52页。）

跋邓玻仿沈石田山水画卷

此卷有石田翁款，然画笔实出捉刀人，沈画当时已多仿本。祝枝山、李竹懒俱曾记之，而每苦不知仿者姓名。吾近于友人斋中，见常熟邓玻裁山水一卷，自署“正德壬申秋抚石田老人”。意其树石苔草，以至人物须眉，无不与此卷之笔吻合。乃知邓氏好拟沈法，初无作伪之意，而遗迹流传，多为后世篡改款字以充石田，所谓两伤者是也。按《画史传》记邓玻亦作瓛，字公度，亦作文度，号梓堂，又有松云居士之号，正德年举人。

戊辰夏五获观此卷，以邓卷相证，豁然心胸为之大快，因详记于此，并告藏家宜存沈款，俾后之鉴者知此公案。

启功书于香江客次

（《启功题跋书画碑帖选》，北京师范大学出版社、文物出版社，上册第42页。）

记式古堂朱墨书画纪

《式古堂朱墨书画纪》八十卷，卞永誉撰，原稿本，北平图书馆藏。卷前有“朴孙庚子以后所得”长方印，完颜景贤故物也。向无刊本，近人龙游余氏始著之于《书画书录解题》，谓其“甚足为知人论世之助”。其书分书纪、画纪，自述凡例十二条，盖先取《书画汇考》曾经著录之书画家千一百余人，又取题跋之家二千余人，复采他书所载能书画者三千七百余人，各编年表。自生至卒，逐年排比。某朝某帝某年若干岁。不书事迹。其所历官阶，旁注于封授之年。每人后附传略，皆录《图绘宝鉴》等书，无甚考订。凡朝代、帝王用朱笔，年号用蓝笔，余皆墨笔，颇醒眉目。凡例之末，自云：“或为知人论世之助。”余氏之语，即取原文。顾其语殊空洞。弗详事迹，奚关论世？仅书年岁，何裨知人？其所以不惮繁琐者，盖有故焉。夫鉴定书画之法多端，如辨纸素、校印章、证题跋，皆市贾持为秘诀者。具眼之士，则必审笔墨之精粗，神气之雅俗。且一人笔墨，幼而稚弱，壮而健劲，至于老境，或归平淡，或成衰退，各有造诣。巧匠作伪，所难尽合。至于官阶升黜，居处南北，系于史实，皆可以岁月索骥。故鉴赏家得名迹，于纸素、印章、题跋之外，尤须考核岁月，以相印证。卞令之以达官好古，有力收藏，审辨书画，自当考其时代。以习见名家生卒，列为年表，干支岁月，一览可得。省推计之劳，莫便于此。而是书之作，即据是法遍及诸家。试观先取《汇考》著录之家，其消息自见。夫购收书画，既须取资于年表，则此千一百余家年表，初稿之成，虽无岁月可稽，然亦决不在《汇考》成书之后，可断言也。《汇考》著录之迹，于卞氏自藏者外，尚及耳目见闻。此书于《汇考》著录诸家之外，又采他书。推而广之，取盈卷帙，正一例耳。窃意卞氏既欲以年表成书，又嫌体例未备，乃撮取各家传略于后以实之。余氏怪其征引别无僻书，且惜其未加剪裁，实未窥得卞氏之初衷。又持钱竹汀《疑年录》、吴荷屋《历代名人年谱》相较，不知立意不同，未可并论。鉴赏家善用其书，未尝不足为考订之助。至体例之得失，则吾欲附成事不说之义也。

丙子春日（一九三六）

（《启功题跋书画碑帖选》，北京师范大学出版社、文物出版社，下册第2页。）

乾隆内府摹刻落水兰亭并跋

高士奇平生藏物，身后扫数归于王鸿绪，其家自留一卷《兰亭》，王尚指名索取，则高死前必有大祸为王所消弭者，此为赂谢；甚或高物为王觊觎，以至于死亦未可知。张得天跋故为惝恍之词，而微意可见，致慨于古物如传舍，正以讽叹王之不能终有之也。于此见江邨之死，亦殊可疑，然亦无足怪者。　　小乘客

翁覃溪据此底本以撰《苏米斋兰亭考》，并谓落水真本中赵子固所题“性命可轻，至宝是宝”（按：下文又作“保”）八字久已不存，其后复闻吴门汪氏藏有落水兰亭，不但纸墨俱古，且有子固手题八字，于是惘然而言曰：“此多闻所以又贵于阙疑也。”于是断断所辨之偏旁点画、自命为天下古今定武兰亭本之玉尺者，竟完全动摇矣。至裴伯谦时又出一本，并翁跋俱伪，文明书局影印行世，至今又已四十年，所谓伪中之伪、歧中之歧，翁文厉公有知，必将赫然而怒，抑或哑然而笑也。不佞近亦撰得《兰亭考》一篇，编排有关《兰亭》之说而总考之，始见定武一石原已迷离，宋人所以贵之者，为其在石刻本中最见笔意，且拓本易得，较便于寻求唐人向拓本耳。然

倘非影印之法盛行，古本真面易见，则虽有文献可征，亦终不能明其真相。在覃溪时，何得有此方便，其锱铢辨析，仅凭手钩目记，其精勤诚有不可及者，所考有执著处或不足处，实时代压之，后之视我亦将如我之视翁覃溪耳。至于只言“将如”而不言“必如”者，盖后之人未有再有傻人如翁与我之看透牛皮也。

近年世行影印落水兰亭一本，乃裴伯谦故物，卷前有乾隆御题，帖前有王觉斯题字，后有姜白石二题及翁覃溪跋，卷中有孙退谷、高江邨、王俨斋诸印。无论诸题之伪，即各印亦无一真。今得此摹刻本证之，益见彼本之赝。昔闻方雨楼云：“观彼本翁跋，字迹极似何昆玉手笔，殆即何氏兄弟所为。”其言近是。此本诸跋摹刻俱好，唯《禊帖》本身摹刻殊拙，当因原本字口模糊，无从钩勒耳。余所见定武真本，如柯九思藏王黼等跋本，如焚余独孤本，无不字口模糊，吴炳本差可观，而拓墨过重，字口又多淹渍，仍不能见笔锋起止处。昔日无影印术，其摹刻失真原无足怪。快雪刻独孤本后松雪十三跋，而遗其前帖，盖有以也。此落水本有翁覃溪向拓本，见吴荷屋《辛丑消夏记》，余未尝获见，想其于字口模糊处，亦未必能与摄影同日而语。落水真本闻今尚在，但不知存于何处。展阅遗影，如帐后李夫人，令人不无怅怅耳。

辛丑九月廿四日得此册于市肆，灯下摩挲书此，距余撰《禊帖考》脱稿时又一年矣。　小乘客时居小乘巷两方丈之室

翁氏向拓本无王觉斯题，亦无乾隆御题，是否石渠所藏，此卷亦不可知。翁氏借曹荠原藏本摹拓，并据以撰《苏米斋兰亭考》者，见《复初斋文集》廿七。

翁集同卷，又记叶梦龙于吴门汪氏见落水本，有赵子固书“性命可轻，至宝是保”八字，疑塚又增其一矣。

（《启功题跋书画碑帖选》，北京师范大学出版社、文物出版社，下册第93页。）

题范巨卿碑

此册拓虽不甚旧，而前三行末字俱存，亦得略矜为善本矣。虞山邵海父先生旧藏，是考校者之藏，非好事者之藏也。　启功

泛观汉碑书法，碑各一风，各随书人之意。逮至汉魏之际，渐有定式。波磔斩截，如用褊笔划成，有造作之气。《孔

羡碑》已开其先，《范式》、《曹真》以至晋代碑碣之作汉隶体者，无不如此。盖汉碑书势，是当时通行之体，汉末渐有圆便之真书，汉隶遂成旧体。非有定式，不足昭其典重。譬之填词，在五代、两宋，只是口头小曲。故长短随人，字句无妨增衬。及旧谱既不流行，词调遂同铁案。有其当然，无其所以然矣。世人常病唐人学汉隶之敝，不知魏晋之汉隶，亦有其敝也。时人用时法，操纵在己，故得左右逢源。后人效前法，体貌因人，易致按模脱墼，于是定型出而流弊见矣。顾又岂独书法然哉！　　启功

（《启功题跋书画碑帖选》，北京师范大学出版社、文物出版社，下册第159页。）

怀素圣母帖跋

《圣母帖》旧题怀素书，详绎其文，似为圣母庙碑文。篇末“蒸”、“氓”与“颂”声为韵，疑是铭词；而“蒸”字以上，语义不属，当有阙文；首行以前，亦有脱佚。“礼部尚书”以下，阙字更显著，不待谛审。书人不著名氏，前人俱指为怀素，无异词。余尝谓：“其文既属神仙家言，‘九

圣’二字又空格抬写。藏真纵饮酒食鱼，但于教典，不应舍己耘人，疑是羽流所书，而体近醉僧者也。”按：《寰宇记九十二》及《舆地纪胜·九》引刘遴之《神异录》有云：“广陵县女杜，美，有道术。县以为妖，桎梏之，忽变形，莫知所之，因以其处为立庙，曰‘东陵’，号‘圣母’。”《圣母帖》所言即此巫也。又，毕沅《关中金石记》卷四《东陵圣母帖》引王松年《仙苑编珠》曰：“圣母，杜氏妻也。学刘纲术，坐在立亡。杜氏不信，诬以奸淫，告官付狱。圣母入狱，即从囱中飞出，入云中而去。”与《帖》所云正合。年署贞元，虽当藏真之世，然不得谓贞元时之草书皆出藏真；反足证同时书体，风习相近。余非故翻成案，实以道释冰炭不相牵涉耳。至于其书法与《阁本》大令书气息相通，在唐人中，确为合作。以素师之迹较之，格在陕刻《千文》之上，即《自叙》尤病纠绕也。张叔未《清仪阁题跋》释文不识“氓”字；首行末字释“世”，其字仅存上半，似是“有无”之“无”；“青禽”误释“奇禽”，余俱确切。“家本广陵”或释“本”为“于”，非也；十二行“于”字，草法与此不同。《汉书·杨恽传》：“家本秦也。”谢灵运《拟魏太子邺中集诗序》：“家本秦川贵公子。”皆可为释“本”之证。叔未又

思政同志见示，因临一本并识于真迹之后。

一九七七年十月　启功

（《启功题跋书画碑帖选》，北京师范大学出版社、文物出版社，上册第9页。）

跋朱竹垞先生家书

右朱竹垞先生应博学鸿词科前后之家报及昆田稻孙之家禀合装一卷，吴江唐长孺先生得之厂肆，考索甚详。其稿尚未写入卷中，去岁夏日出以见示，并指示其中故实。参读诸札，益增向往。案：有清起于辽左，每称以骑射为根本。然其所以垂世祚近三百年，恢华夏封圻数万里，乃至同光残局尚持数十年者，莫不有书生之力在，初不尽关弓马焉。入关前则达海、范文程；稍降，则西域经圣祖亲征；金川、台湾诸役，则阿桂、姚启圣；下逮同光则有曾、左。己未词科，实文治斡运之钧枢。唯自知天地古今之君，始知书生之有其用，亦爱新觉罗氏之所以绵延于奇渥温氏者也。昔宋太祖过朱雀门，见榜署“朱雀之门”，问“之”字何用？侍臣对以“语助”。宋太祖曰：“之乎者也，助得甚事！”庸讵知陆秀夫、文天祥能使赵氏块肉无忝所生者，岂非之乎者也之助乎！竹垞早年曾参预复明之举，中岁之后应鸿博之征，吏议以孔目待诏用，特简拔为检讨，置之史局，进而为南书房行走。后人曾无责竹垞失据而议圣祖失察者，盖征者应者相忘于大化之中，亦足觇夫时势已。史册无情，口碑有据，康熙之治，今更为人艳说，岂偶然哉！竹垞此卷，攸关论世如此，不徒以三百年文物为足贵也。因题后以呈长孺先生，幸有以教之。

一九八零年春日　启功

（《启功题跋书画碑帖选》，北京师范大学出版社、文物出版社，上册第26页。）

跋梅村画中九友歌

梅村《画中九友歌》，乃拟少陵《饮中八仙歌》而作。九家俱梅村所曾奉手者，故其品目独至，绝非泛泛评画之语所能相拟，且诗格精严，视少陵颓唐重韵不啻胜蓝。

湖帆先生，近代艺苑宗师，笔墨修洁，与梅村韵语正属同调。吾闻湖翁用印多出巨来先生铁笔，如斯妙迹，非有徇知之合者岂可得哉！复有疆、剑丞、遐庵诸老签籤题跋尾，和璧隋珠，复经镂金错彩，虽有连城，莫之能敌！服膺赞叹，谨书其后。

公元一九九一年夏日　启功

（《启功题跋书画碑帖选》，北京师范大学出版社、文物出版社，上册第64页。）

跋麓山寺碑

《麓山寺碑》为唐代李邕泰和撰书煊赫有名之碑，千载流传，颇有剥蚀。世传旧拓，无论为宋为明，其碑文之末，残泐较多。存余一字，价逾球璧，其为世重，盖可知矣。光绪三十一年，南丰赵声伯先生世骏，偶获旧本，以校诸家藏本，存字独多，且无祁误之笔。因延装池名手于家，亲自厘正错简，焕然神明，首尾可读。乃付有正书局影印流通，与世共赏，鉴家莫不诧为奇宝。其后转入东瀛，归于三井氏听冰阁秘笈。前数年东瀛大雨，听冰藏宝之地下仓库竟遭湮渍。及雨止清理，多件珍品受损，或有粘连坚若砖块者，此册其一也。高岛义彦先生携来见示，因为介绍张明善先生精心揭示，顿还旧观，终无一点一画之失，见者无不叹诧。明善先生为燕生先生令嗣，燕翁有《善本碑帖经眼录》，记其平生所见南北乃至海外流传石墨珍本，为当今治金石目录者所必读。明善先生克传家学，鉴别之外，传拓装池之术，无不精能。余尝见丰碑巨碣，耸构高架，攀登而拓之，字口分明，墨色匀称。每叹为淩空巨掌，摩天劃云；孰知薄纸相粘，坚如磐石之册，又能叶叶擘开，不啻庖丁解牛，刃入有间，是足奇也。谓其学其艺，与宋拓名碑无所轩轾，盖无不可。三井氏嗣守主人见此重装之妙，竟使古拓重生，不负义彦先生辛勤禹域之行，即以举赠。此一册也，展转离合，奇缘有如此者。复承义彦先生之属，志其始末于右。

时公元一九九五年岁次乙亥　暮春之初　启功书于燕都寓舍　年第八十四岁矣

（《启功题跋书画碑帖选》，北京师范大学出版社、文物出版社，上册第73页。）

跋碑铭法帖杂册（之二）

曹娥殉父，故曰“孝女”。其碑云：“哀姜哭市，杞崩城隅。”又云：“克面引镜，剺耳用刀。”又云：“坐台待水，抱树而烧。”继之云：“于戏孝女，德茂此俦。何者大国，防礼自修。”皆拟非其伦。盖古之名媛，殉死从夫者多，以身殉父，无事可征，故牵附缀辞，勉成骈语。最可怪者，蔡中郎黄绢之题，直似未读碑文者。乃知附会蔡题者，做贼心虚，设为夜暗手摸之言，以防人问难，可代中郎答之曰：“未甚看清耳。”

（《启功题跋书画碑帖选》，北京师范大学出版社、文物出版社，上册第155页。）

王伯祥先生补辑乾隆以来系年要录跋

史官为帝王所雇佣，其所书自必隐恶扬善，歌功诵（当为“颂”）德。春秋董狐之笔，不过一时一事，其前其后，固不俱书赵盾弑其君也。后世秉笔记帝王事迹之书，号曰“实录”，命名已堪失笑。夫人每日饮食，未闻言吃真饭喝真水，以其无待申明，而人所共知其非伪者。史书自名“实录”，盖已先恐人疑其不实矣。又，“实录”开卷之始，首书帝王之徽号，昏庸者亦曰“神圣”，童騃者亦曰“文武”，是自第一行即已示人以不实矣。虽然，未尝无真实者在，事迹排比，观者自得，纵经讳饰，亦足心照；讳雹者称为“硬雨”，讳蝗者称为“不食禾稼”，而为雹为蝗，人无不喻。故排比得法，阳秋具于皮里者，即为良史。伯祥先生以整理抄撮之《乾隆以来系年要录》排印残本见示，仰见剪裁排比，具见匠心，所惜当年离乱，失坠不全，留此一册，亦足以昭示方来。俾知取法，宋李心传之书，不得专美于前矣。

一九七五年

（《启功题跋书画碑帖选》，北京师范大学出版社、文物出版社，下册第56页。）

岔曲集跋

右《岔曲集》抄本，吴晓铃兄录自余家旧藏本。余家之本，则传自曲师德寿山先生，然亦非其自撰者。晓铃属记其缘起，因书其后曰：“岔曲”之作，吾始见之于《霓裳续谱》，皆是简短数句者；至余幼年所听，则有至数十百句者。其短者曰“脆岔”；长者曰“长岔”；中间敷说，曲调较平衍者曰“赶板长岔”，亦曰“琴腔”；中间杂以各种曲牌者，曰“带牌子长岔”，亦曰“杂牌子曲”，此形式之大略也。伴奏用三弦，自弹自唱，号曰“单弦”；或一人唱而另一人弹，号曰“双头人”；另人伴弹时，则唱者可持八角鼓节曲，后世无论一人二人所演杂牌子曲，俱蒙“单弦”之称，已失其本义，此演奏之大略也。其曲词通俗，或杂谐谑，此初期之作，亦岔曲之本色。渐后有人追求文雅，而力不能逮，乃或牵扯典故，搬弄诗文，常致非驴非马，不文不白，每使听者啼笑两难。友人尝语余曰：“岔曲雅的那么俗”，应之曰：“子何高抬效颦雅语之岔曲乎？”夫俗者，通俗易晓，众所同嗜之谓也；而“效颦雅语”之岔曲，听其腔调，纵或铿锵；阅其词句，则未尝不肉麻而毛竖，“俗”之美谥，岂可误加？今传曲词，有本色者，亦有令人肉麻而毛竖者，此曲词之大略也。此集传自德寿山，却非德氏所作，盖积累传抄，非出一手者。其中不乏本色之作，亦有“效颦雅语”之作，观者自能分别。德氏以字行，遂失其名与姓氏，满洲人，有清末叶为某旗佐领，以弹唱交游。所谓子弟，或称票友者，达官贵人，与之均礼。我先祖绍岑公延之客馆最久，谈谐风生，能自弹自唱，场上有所触，随口唱出，举座欢笑。遭讽者竟无以难之，盖深符滑稽之旨。此集乃其当日呈先祖乞为润色者，实亦未尝多加点定。辛亥后，德氏生计日贫，遂以艺糊口，流转四方，此集竟置吾家。盖其弹唱之本，多出自撰，固不珍视此死套也。余年十余岁时，犹及聆其奏艺于茶馆中，腰佝偻，声低哑，而坐客无哗，凝神洗耳。时当北洋军阀混战之时，坐间有系臂章之某军阀士卒，闻其嘲讽某军阀，亦竟为之同声鼓掌。其佚事余幼年数闻之于长辈，当时不知记录，今日遗忘已多。其所唱杂牌子曲词，更无复传本，深为可惜。后世读此集者，但知其为清季流传之岔曲可也，如于其中探求德氏之艺，则失之远矣。此集原为四卷，为余表弟借与某曲师，遂失末卷。是卷为带牌子长岔之后半，以此调之篇幅多长，一卷所不能容耳。

一九七四年九月

（《启功题跋书画碑帖选》，北京师范大学出版社、文物出版社，下册第60页。）

伪讬高士奇书画总考跋

《书画总考》又名《元画考》，抄本二卷，旧题“平湖高士奇论次”。嘉庆间戴光曾跋云：“见于当湖高氏，为竹窗未刊之书，假归手录藏之，足与《消夏录》并传。”则士奇之名，疑即光曾所题。近人龙游余氏《书画书录解题》辨为伪讬，而未及考其出处。功按：是书所录，为元赵孟頫、高克恭、黄公望、吴镇、王蒙、倪瓒六家书画。其文俱见张丑《清河书画舫》，字句悉同，仅篇段次序略有参差。此书脱误处，《书画舫》皆不误。《书画舫》中阙字，此书无不阙也。吴长元刊《书画舫·例略》云：“‘管见’较真迹及前人绪论例低一字，览者已一目了然。元本每段必注‘管见’二字，似属蛇足。今唯莺字号第一段依元本存‘张丑管见’四字，余悉删去。”此书仍间注“管见”二字。《例略》又言：“据米庵元稿及别本，别本颇多阙略，传抄既久，讹以滋讹。”此书疑即昔日传抄本中元人一节，或出江邨手录，戴氏未察，遂误为竹窗未刊之书耳。岁首谒霜根老人，以此见示，字多讹夺，老人朱墨校之，蝇头细楷，弥堪珍爱，假归披阅，悟其传讹之故，书覆老人，已疾笃不及见矣。

丁丑孟夏（一九三七）

（《启功题跋书画碑帖选》，北京师范大学出版社、文物出版社，下册第11页。）

金石书画漫谈

金石书画部分的内容比较多，这里只能作一个简括的介绍，谈谈个人的一点看法，研究方面的一点门径，一点线索。

伟大的中华民族文化，我认为好比一朵花，花蒂、花蕊、花瓣等，都是它的重要组成部分。这个文化史讲座的各个方面，好比是花的各个部分，金、石、书、画也是其中的一个部分。

金、石、书、画，本不是同一性质，同一用途，但在整个的中华民族文化中，这四项都成为中华民族艺术的特征，也可说是中华民族艺术所特有的。以下按次序作一些简单的介绍。

一　金

金就是金属，包括钢、铁等。这里是指用铜、铁等金属所制的器皿、器物，特别是古代的铜器。它们不管是作为实用的或是祭祀的，都是铜及其合金所制的器物。这些在商、周——人们往往说“三代”，就是夏、商、周。其实夏到现在还没有十分弄清楚，一般认为夏文化是相当于龙山文化这一系，但夏的文化究竟是什么程度，还不甚清楚。所以“三代”文化，有把握的只能指商、周。古代把商、周的铜器叫做“吉金”，就是好的金，吉祥的金。这种冶炼方法在当时已很发达，已能制造合金。制造出来的器皿，很多都有刻铸的文字。现在一般说的“金”是指金文，又叫“钟鼎文”。

商、周时代，诸侯贵族常常大批地制作铜器，上面刻铸铭文，现在陆续出土的不少。有时一个人只能铸一个器，有时又可一次铸好几个器。当时参与这种劳动的人民，大部分就是当时的奴隶。他们创作了千变万化的器形、装饰图案，雕铸了种种文字铭记（记载谁、在哪年、为什么事情而制作这器）。这些器物，从商周以后长期沉埋在地下。许慎有“郡国亦往往于山川得鼎彝”的话，可见汉朝时已有出土的。

这种陆续的出土，到清朝末年，成为研究的大宗。拓本、实物，日呈纷纭，使人眼花缭乱，非常丰富多彩。到了现在，对于这方面的研究探讨就更加繁荣，方法也更加科学。从前的收藏家，不是官僚就是有钱人，他们的收藏，往往秘不示人。偶然有拓本流传出来，也不是人人可得而见之的。现在印刷术方便了，从器形到文字，大家都能看到，具有研究的条件，所以研究日见深入。发掘的方式，也愈有经验，愈加科学。从前出土的器物，辗转于古董商人与收藏家之间。它是哪里出土的？不知道。甚至一个器的盖子在一个人手里，而器本身则到另一个人手里。这种情况很多。一批出土有多少铜器？也不知道，都零零星星地散出去了。这在研究上是很费事的，因为缺乏许多辅助证据。许多奸商为了贪图得利，多卖钱，还卖到外国去。我们现在从发掘到整理、考定、印刷、编辑，都是有系统的，对于研究者有莫大的方便。可以取各个角度：器形、花纹、文字，以至它的历史背景、制作的人物、各诸侯封国的地理等等，或者是有人想学写古篆字，也可以用来作范本。例如从制作来说，往往一个人所制的不止一件，我们只要看到各器上都有同一个人的名字，便可知道它们是属于同一个人制作的一套器物。这样，我们对于古代历史、古代人的各方面（包括生活习惯），就能有更清楚、更详细、更豁亮的了解。近年来在陕西发掘了许多成套成批的窖藏青铜器，大多是同一人或同一家族的，这样研究起来就很方便了。

从宋代到清代，大都把这类器物叫做“古董”，也叫“古玩”，是文人鉴赏的玩物。即或考证点文字，也是瞎猜。我们当然不能否认他们的考证功劳，但那是极其有限，远远不够的，还有许多错误。稍进一步的，把它们当作艺术品。西洋人、日本人买去中国的古铜器，研究它们的花纹。中国人也有研究花纹的。这种情形，大约始于六十多年前，这仍是停留在局部的研究，偶然有几个器皿作点比较。谈到全面地着手研究，我们不能不佩服近代的容庚容希白先生，他对于铜器研究的功劳是很大的。他著有《商周彝器通考》，连器形、花纹带铭文都加以研究；还著有《金文编》，把青铜器上的字按类按《说文》字序编排，例如不同器皿上的“天”字，都放在一块。这是近代真正下大气力全面地介绍和研究青铜器及金文的。此外，罗振玉的《三代吉金文存》，也是很重要的资料。现在已有人着手重新把至今出土的商周铜器铭文加以统编，这就更加全面了，只是现在还没有出版。

对于文字的考释，能令人心服口服的，首推不久前故去的于思泊（省吾）先生。他的考释最为扎实，决不穿凿附会。他还用古文字考证古书，成就比清末孙诒让等人大得多了。到今天为止，容、于两先生的著作以及罗的《三代吉金文存》等，仍是我们研究铜器和金文的重要参考材料。随着条件的改善，今后在这方面的研究一定会愈来愈完备，愈来愈深入。

甲骨文也被附在金文之后，讲金石的书往往连带讲甲骨，不是附在前头就是附在后头。其实甲骨应和铜器同样看待，甲骨文是金文的前身。商代刻在甲骨和铜器上的文字，往往有很大的相似，所以甲骨也应放在我们现在谈“金”的范围。现在出版了《甲骨文合集》。非常完备，研究起来不愁没有材料，不会被人垄断了。但甲骨文我不懂，不能随便说，只能谈到这里。

二　石

金、石常常并称。事实上金、石的性质、作用并不完全一样。古代的石刻有各方面的用途，所以它的形式和内容也就不同，文字因时代的关系也不同。汉朝也有铜器，但那上面的文字和商周铜器的文字迥然不同，一看就是汉朝的东西。此外，花纹和刻法也各不相同（商周铜器上的字，大部分是铸的，少部分是刻的）。

大批石刻的出现，应该说是从汉朝开始的。汉朝以前有没有石刻？有的，譬如说《石鼓文》。石鼓甭管它是什么年代的，总是秦统一天下以前的产物。唐朝人说是周宣王时作的，也有人说是北周即宇文周时候制作的。后来马衡先生经过全面考证，确定它是秦的刻石。这个秦，不是统一中国的秦朝，而是在西北地方未统一中国以前的秦国。可是还有问题：

秦什么公？这个公那个公，众说纷纭，到今天尚无定论。

汉以前的石刻，起码石鼓是比较完整的，有一个石鼓的文字已经脱落，但是拓本还保留着。近年在河北满城古代中山国的地区，发掘出古代中山王的墓，里头有中山王的铜器，外边有一块石头，上面有两行字，也是战国时的刻石，比石鼓晚一些，但也是汉朝以前的刻石。所以古代石刻应追溯到石鼓和中山王墓刻石。《三代吉金文存》后面附有一小块石刻，文字和铜器文字很相像。什么时候刻的？不知道。这块石头现在也不知道哪儿去了。

现在所谓的“石”，大致是指汉代及汉代以后的石刻。讲求、探讨的也比较多。汉朝的碑是比较多。其实，秦碑也有，只是不作碑形，常常是在山岩上磨平一块石头刻字。现在秦碑的原刻几乎没有，流传的大多是翻刻的。原石保留下来的只有《琅琊台刻石》，保存在历史博物馆，上面的每个字都已经模糊了。还有《泰山刻石》，只剩下了几个字，残石还在泰山的岱庙里摆着。其余的都已毁掉了，只有汉碑算是大宗。

什么是碑？碑本来是坟墓竖立的一种标志。碑石有大有小，记载着墓主人的生平事迹。后来推而广之，不光是为死者立碑，也应用到生人，譬如一个官员调离，当地有人立碑为他歌功颂德。事实上这种大块的碑，就是石头做的大块布告牌，譬如修一座庙，前面立一块碑，说明庙的缘起；皇帝办了一件事，臣下恭维，或者皇帝自吹自擂，也刻一块，岂不是布告牌？像秦始皇、唐明皇，都曾经在摩崖上让臣下给刻上大块歌功颂德的文章，比后世大张纸贴的布告结实得多，意在流传千古，但事实上后来有的让人凿掉了，有的是山崖崩塌了。当初立碑的本意不过是歌颂、吹捧死者、官员乃至皇帝，但后来意料之外地被人注意，得以保存流传的，却不在于它那歌功颂德的内容，而在于它书写的文字，在于它保存了许许多多的书法。他们吹捧的内容，已无人注意。有人见到石刻残损文字而惋惜。我说，字少了，美术品少了一部分是坏事，但文词少了，念不全了，未必不是被吹捧者的幸事，因为他可以少出些丑。从前人制作拓本，往往是为了碑上头刻的字写得好，或者是时代早，宝贵得不得了。比如汉朝在华山立了一块碑，叫《华山庙碑》，在清朝末年只保留下来三本拓本，后来又发现了一本，这四本都价值连城，后面有许多人的题跋。这也不在于它的内容（当然也有人考证），而在于它的字。许多古碑也是如此。以前人对于碑只是着眼于先拓后拓，多一字少一字，稍后对碑形、花纹、制作乃至于刻工等方面，也加以研究。这与上述对于商周铜器的研究过程很有相似之处。

汉碑这种字，不管它刻得精不精，毕竟是用刀刻出来之后，用墨拓下来的，从前得到一本都很难。今天我们看到出土的多少万支竹木简，都是汉朝人的墨迹，直接用墨写的。这在书法艺术上、史料价值上，比起汉碑来又不相同了，这待下面再说。所以说，以前的人很可怜，看到一本墨拓，就那么几个字，多一笔少一笔，这里坏一块，那里不坏，争论个不休。这是因为时代和条件都有其局限，出土的东西也少。

还有一种叫墓志，也是一大宗。坟里头埋块石头，写上这人是谁，预备日后坟让人不知道是谁了，挖开一瞧，知道是谁，人家好给他埋上。这用意是很天真的，没想到后来人家正因为他坟里有墓志，就来挖他的坟，这种情形多得很。墓志有长条的，也有方块的，汉朝还没有这种东西，从南北朝一直到唐宋，都是很盛行的。墓志也和碑的性质一样，记载着死者的事迹，也属碑刻的性质。

再有一方面是“帖”。什么叫帖？本来很简单，指的是一张纸条儿或纸片儿，多是彼此的通信。现在还有便条儿，随便的纸条儿（今天的名片，也是纸条儿）。上边的字，写得比较随便，不像写碑那么郑重其事，确实另有趣味，大家比较重视，把这些有趣味的东西汇集起来。因为古代没有影印技术，只好钩摹下来刻在石头上或木板上，再用纸和墨拓下来，等于刻木板印书的办法，这种印刷品被人称作“帖”。事实上帖本来不是指墨拓的东西，而是指被刻的内容，即没刻以前的原件（纸条儿）叫“帖”。好比这是一部书，叫做《诗经》或《左传》。不是说它这个书套子或部头叫《诗经》或《左传》，而是指它的文字内容。所以“帖”也是指的所摹刻的内容。这个意义扩大了，凡是墨拓的刻本，被人作为字样子来写，作为参考品的，都被称为“帖”。如有人说“我这儿有一本帖”，打开一瞧，是个汉碑。为什么也把它叫做“帖”？因为它已经裁了条，裱成本，被人作为习字的范本，所以也被称作“帖”。因此说，“帖”的意义已经扩大了，凡是墨拓的、石刻的、裱成本的，大家都管它叫做“帖”。

帖写的多半是行书，随便写的；而碑版多半是很规矩很郑重的。所以一般又管写行书一派的叫“帖学”，管写楷书一派的叫“碑学”。这种说法，我认为是不太科学的。

现在，印刷技术方便了，碑帖的印本也多起来了，这里无法多举例，因为太多了。要论起整部的书来，比较方便查阅的，有清末民初的杨惺吾（守敬）编的一本《寰宇贞石图》。把整篇整幅的碑文影印出来，可以使我们看到碑版的全貌，很有用处。但是它是缩小的，碑有一丈、八尺，它也只能印成这么一张纸片儿，而且碑版的数量及文字说明也不多。近代赵万里先生辑有一部《魏晋南北朝墓志考释》，都是墓志，既影印拓本，也考释文词，是很好的。讨论石刻，有一部书也很重要，就是清朝末年叶昌炽所编的《语石》。它从各个角度、各个方面来论述石刻：多少种类，多少样子，多少用途，多少文字，多少书家……分量不多，但内容极其丰富，所遗憾的是没有附插图，要是每谈一个问题每举一个例子，都附上插图，就方便多了。今天要是想给《语石》补插图，就有很大的困难，许多原石都已找不到了。我想将来会有人给它进行扩充的。《语石》这种书，现在的人不是不能做，因为现在所出土的汉魏六朝隋唐的碑和墓志极多，比当年叶昌炽所能看到的要多出若干倍，要是加以统编，细细研究，附上插图，那就太好了。最近上海要出一本“扩大石刻文字汇编”之类的书（名字还未定），不久出版，最为方便了。

叶昌炽在他的《语石》一书中说：我研究这些石刻，主要地是为了它们的字写得好（大意）。字好，是碑存在的一个重要因素。立碑刻碑的人是为了歌颂他自己。人家保存这个碑，却是为了它写的字好。这是立碑、刻碑的人始料所不及的。由此可见，书法艺术自有它独立的、不能磨灭的艺术价值。

三　书

“书”本是文字符号。现在提的“书”不是从文字符号讲，也不是从文字学讲，而是从书法艺术讲。书法在中华民族有很深远的影响，由于汉字不仅被汉族，也被少数民族不同程度地使用着，所以，书法在中华民族文化中占很重要的位置。曾经有人提出，书法不是艺术，理由是西洋古代没有一个国家、一个民族把书法当艺术的。其实，中国特有而外国没有的东西太多了，难道都不算艺术了吗？如《红楼梦》是中国特有的，外国没有，就不算文学了吗？现在，这种观点逐渐纠正过来了。大家知道，书法是一种艺术，并且是广大人民喜闻乐见、非常爱好的艺术。

中国的汉字（各个有文字的民族都一样）一出现，写字的人就有要“写得好看”的要求和欲望。如甲骨文就是如此，不论单个字还是全篇字，结构章法都很好看。可见，自从有写字的行动以来，就伴随着艺术的要求，美观的要求。

秦汉以来的墨迹，近年出土的非常多。这里面丰富多彩，字形、笔法、风格，变化极多。从前只看到汉简，现在可以看到秦代的了。如湖北睡虎地的秦简，全是秦隶。从前人看见一本残缺不全的汉碑拓本，便视为珍宝。现在可以看见汉朝人的亲笔墨迹。日本人用过一个词，把墨迹叫做“肉迹”，即有血有肉，痛痒相关，我很欣赏这个词，经常借用。现在可以看到成千上万的秦汉人的“肉迹”，这是我们研究文学、研究书法、研究古代历史的莫大的幸福。

不论是秦隶还是汉隶，都是刚从篆体演变过来的，写起来单调而且费事。所以到了晋朝后，真书（又叫楷书、正书）开始定型。虽然各家写法不同，风格不同，但字形的结构形式是一致的。各种字体所运用的时间都不如真书时间久，真书至今仍在运用。为什么真书能运用这么久，因为这种字形在组织上有它的优越性。字形准确，写起来方便，转折自然，可连写，甚至多写一笔少写一笔也容易被人发现。真书写得萦连一点就是行书，再写得快一点就是草书。当然，草书另有一个来源，是从汉朝的章草演变而来的。但到东晋以后就与真书合流了，是用真书的笔法写草书，与用汉隶的笔法写章草不同。

真书行书的系统既是多有方便，所以千姿百态的作品不断出现，风格多种多样，出现了各种字体（艺术风格上被称为字体），比如颜体、柳体、欧体、褚体等。为什么以前没有？因为以前没有人专职写字、专以书法著名的，就连王羲之也不是专职写字的人。古代也没有“书法艺术家”这个称呼。当时许多碑都是刻碑的工人写的，到了唐朝才有文人写碑。唐太宗自己爱写字，自己写了两个碑《晋祠铭》、《温泉铭》，还把这两个碑的拓本送外国使臣。当时的文人和名臣，如虞世南、欧阳询、褚遂良、薛稷、薛曜以及后来的颜真卿、柳公权等人都写碑。这样，书法的风格流派也逐渐增多了。其实，今天看见的敦煌、吐鲁番等地出土的文书、写经等，其水平真有远远超过写碑版的。唐朝一般人的文书里，行书的书法也有比《晋祠铭》好得多的，但那些皇帝、大官写出来的就被人重视。我们要知道，唐朝有许多无名的书法家的水平是很高的，写的字非常精美。晋唐流传下来的作品（不论是刻石还是墨迹）非常多，我们的眼福实在不浅。

附带说一下名称问题：古代称好的书法作品为“法书”，是说这件作品足以为法；书法、书道、书艺是指书写的方法，现在合二而一了，一律叫作“书法”。把写的字也叫作“书法”，省略了“作品”二字，可以说是“约定俗成”了。

如把“书”平列在“金”、“石”、“画”之间，那它的作用和用途就大多了，广多了。生活中的各个地方，没有与书法无关的，没有用不上书法的。也可以说，书法已经出现在任何地方，也发挥着极大的效用。从书法作品、实用的装饰品到书信往来，作为交际语言的记录工具，两人以至两国的信用证明（签字）都要用书法。书法活动既可以锻炼艺术情操，又可以调心养气，收到健身的效果。总而言之，今天看到书法有这样广大的爱好者，原因很简单，就是它和人们生活的关系十分密切。这种密切的关系又非常长久，北朝人曾经说过“尺牍书疏，千里面目”。给人写封信（尺牍）、写个条（书疏）等于相隔千里之远的两个人见面。现在有传真照相，可以寄照片，这是“千里面目”。但古代没有，看一封信，感到很亲切，如见其人。书法被人作为人格、形象的代表，自古以来就是这样。

有人常常问到什么是书法知识，说明需要抓紧编写学习书法的参考书。碑帖影印的很多了，但系统的讲解、分析是不很够的。怎么去写？大家很愿意了解。各家有各家的心得，这里就不多谈了。大家了解了书法的沿革，再多参考古代的碑帖，多看古代的墨迹，这样对书法的了解自然就会深刻，这样对写也有很多方便的地方。

四　画

画的起源，不用详谈。初民怎么画，只要看小孩怎么画就会明白。画很简单，可是有新鲜的趣味。看见什么就画什么，生活里面遇到什么，就随手画、刻到墙上，这是很自然的。值得特别注意的是，自从绘画成熟以后，形体逐渐地准确了，颜色也逐渐地丰富了。绘画成熟在什么时代？我们的估计往往是不对的。从近代科学考古发掘出的成果，可以看到这一点。画成熟的时代应该很早。古代的文化，从商周以来，不知经过多少次毁灭性的破坏，使后世无法看到。商周的铜器的铸造方法，近代很多人奇怪，那时就有那么高的合金技术！透光镜（铜镜子，可以透出光照到墙上），经过多少人研究，现代才发现有两种方案，但古人用哪一种方案，至今也不清楚。这说明我们有许多的科学发明、科学成就随着毁灭性的破坏而消失了。古代的绘画更脆弱了。一种是画在墙上，以为墙是结实的，但随着墙的毁坏，画也没有了。画在帛上的也不延年。唐宋人没见过古代的绘画，只看过武梁祠画像，根据这些推测判断汉朝绘画，以为汉朝绘画就是这样的。这样推论的起点太低了。不止绘画一种，我们对古代文化不了解的太多了。近代发现了汉朝墓壁里的壁画，大家的看法才有所改观，觉得从前的推测是错的。近年长沙马王堆出土了帛画，使人看到出丧幡上的帛画，精致极了，比武梁祠的画不知高出多少倍。假定帛画是一百分，武梁祠的画只能算不及格。人们看到马王堆的帛画，无不惊诧变色，这才知道古代绘画水平已达到什么地步。我们应该以这（西汉初年）作为起点，往上推溯商周绘画应该有什么样的成就。看到了马王堆出土的帛画以后，有人说，我们的绘画史应重新写，已写出的全错了。因为起点（最低点）定错了。

今天我们研究古代绘画，有这么丰富的材料，但我们必须有正确的看法，这才能进行研究。看法和起点要是错了，研究就得不到正确的结论。唐以前和唐人的好画，多画在墙壁上，大多数已随着建筑物的毁坏而无存了。幸亏西北有许多干燥的洞窟壁画。首先是敦煌，敦煌壁画给我们提供了极丰富的宝贵的材料。敦煌许多画在绸帛上的画被外国人掠夺走了。国内流传下来的只是一部分。现在西北出土的一些残缺的绢画，即使是零块，都是非常精美的。这些东西的保存，对今天探讨古代绘画的源流有很大的作用。现在有没有流传下来的古画算是唐代或唐以前的呢？有。但这些画事实上都是经过第二手摹下来的，很少有真正的唐朝人直接画了留下来的。即使画稿、形象，是某名家的作品，但画上的墨迹也不是作者本人的。古代没有别的办法，幸亏摹下副本，否则今天一点影子也看不到了。

我们对待古画要持科学态度：哪些是可信的古代人直接画下来的，哪些是后代人的复制品。但许多古董商人，不是从学术出发，而是从价值观念出发，顺口说这是唐朝的，那是宋朝的，时代越早越贵，可以多卖钱。事实上与学术无关。我们参考画风，研究画派，看这些摹本、仿本、临本不是不可以，但要知道是什么时代人临的、仿的，如果听信大古董商的说法，把宋元的硬说成唐宋的，这样科学系统就乱了。譬如看京戏，如果真承认那位男演员扮女角即是一个女子，一个花脸角色的演员本人真就长得脸上花红柳绿的，这便成了小孩或傻子了。

宋朝人的画，多半是室内装饰品，很大的大张挂在屋里，比画在墙上进了一步。元朝才多卷册小品，在桌上摆着，作为案头玩赏的东西。这如同戏剧底本由舞台到案头一样。原来剧本是舞台唱的，实用的，后来成为文人创作后摆在案头欣赏，并不是在舞台上演的。有许多只能在案头看，是舞台上唱不了的。我们明白了这个道理，知道哪是墙壁上的画，哪是案头上的画，这样才能探索宋元以来的画派、画风。大家总是谈论宋朝画如何，元朝画又怎么变，哪是匠人画，哪是画家画，哪是文人画，我们今天研究古代绘画的沿革，必须考虑到这一点：在墙上画是什么样子？画在绢上贴在墙上是什么样子？案头画的小品又是什么样子？这些问题必须弄清楚。

到了元朝以后出现一种文人画——案头的玩赏的小品（不管它多大张幅也是这个系统）。墙壁上的画，实际上和装饰画是一派。文人案头画是一派，对这一派也有许多争论，但它也有它的新趣味，不能一笔抹煞。这一种风格的影响有几百年。宋朝已经开始了，如苏东坡喜欢随便画点竹子，画树，画块石头。现在还有一件真迹，树画一个圈儿，底下是石头。按照画家的要求，这画画得非常外行，非常不及格，但这是真的。米芾画的《珊瑚笔架图》，笔道七扭八歪。这是文人游戏的笔墨。到了元朝才逐渐出现精美的文人画，影响一直到现在。这一派，这种创作方法，至今尚占很大的比重。

今天研究绘画确实方便多了，印刷品越来越精了，越来越多了。我们现在要想研究，有几点特别要注意。现在研究古代绘画，研究绘画沿革历史，必须从实物出发，得看到真正的原作（包括影印品），客观地比较，虚心地分析。只看书本上说的不够，只听别人讲的也不够，必须从实物出发，真正地客观地作了比较，我们才能得出正确的论断和新颖的见解。这种比较在古代，在从前印刷困难、地下出土的东西不多时是没有办法的。在今天，我们确实是方便多了。

现在研究古代的绘画，又出现了两种困难。一是出现了太窄的现象。我认为，研究绘画，研究绘画沿革，不论在中国在外国都出现了这样一个现象；研究一家，只抱住一家，翻来覆去地考证探索。须知这个作家不能独立存在，必须和当时的环境，当时的时代联系起来。“窄”还表现在只研究一家的一个方面，如一个画家又会画兰竹，又会画山水，又会画松树，却只是专门研究他画的竹子。这样就钻进了牛角尖而不自觉。另一方面，论据必须是真品。有许多是假的，是古董商人瞎吹的。你根据的真伪还不分，不能“去伪存真”，又怎么能“去粗取精”呢？首先要辨别真伪。这里就出现一个问题，今天辨别真伪的标准，也被古董商人搅乱了。从明清以来就有这种情况：真画换假跋，真跋配假画，哪个名气大，哪个大、哪个早、哪个值钱就写哪个。后来研究者也常陷入古董商人的这个标准。如评论是纸本还是绢本，质地颜色洁白还是昏黑，黑了就用漂白粉拼命冲洗，画的笔墨都不清楚了，底子可白了，那也要，因为“纸白版新”。这是古董商的标准。常见著录的书上说“这是上品”，但笔墨画法并不高明。为什么是上品？就因为“纸白”，其实那是用化学药品冲洗白的。又如完整还是破碎，中国藏还是外国藏等，有许多人认为是外国藏的就好，其实这是令人很痛心的事。我虽然也忝被列入了“鉴定家”的行列，但我“知物不知价”。“‘纸白版新’就好”、“这个值钱多”……这些我一点儿也不懂，因为我没做过古董商人。

总之，今天研究绘画，必须根据可靠的、可信的资料，要辨别真伪。真到什么程度，是作者亲笔还是复制品？我们为研究一种风格，复制品也有价值。当然，从古董的价钱说，复制品与原作不同，但如从学术上讲，是有研究价值的。现在印刷品很多，有了彩色印刷，虽然比起原作还有差距，但无论如何比黑白的好多了。我们受近代科学的嘉惠，受近代科学之赐，研究绘画更方便了。

今天研究金石书画的条件已千倍万倍地优于前人，我们研究的便利比古人要大得多。只要我们的观点是正确的，从实物而不是从现象出发，博学、广问、慎思、明辨，自己有一定的立脚点而不随声附和，我们的成绩会是无限的。

关于法书墨迹和碑帖

一

谈起这方面的事，首先碰到书法问题。

中国的汉字，虽然有表形、表声、表意种种不同的构成部分，但总的成为——可以姑且叫作——“方块字”，辨认起来，仍是以这整块形状为主。因此这种形状的语言符号的书写，便随着中国（包括汉族和用汉字的各族人民）的文化发展而日趋美化。所以凡用这种字体的民族，都在使用过程中把写法美化放在一个重要位置。

这个道理并不奇怪，即使是使用拼音符号的字种，也没见有以特别写得不好看为前提的，同时生活习惯不同的民族之间，他们文化传统不同，不能相比，也不必硬比。比方西洋人不用筷子吃饭，而筷子并没失去它在用它的民族中的作用和地位。又如不是手写的字，像木刻版本或铅字印模，尚且有整齐、清晰、美观这些最起码的要求。就像纯粹用声音的口头语言，也还要求字音语调的和谐。我们人类没有一天离得开文字，它是人类文化的标识，是社会生活中一个重要的交际工具，和服装、建筑、器具等一样，有它辉煌的历史，并且人类对它有美化的迫切要求。

当然，只为了追求字体的美观，以致妨碍书写的速度及文字及时表达思想的效用，是“因噎废食”，是应该反对的。同时所谓书法美的标准，虽在我们今天的观点下，也可能有某些好恶的不齐，但是那些不调和的笔画和使人认不清的字形，总归不会受人欢迎。难道专写过分难辨的字，使读稿或排字的人花费过多的猜度时间，可以算得艺术的高手吗？

有人说汉字正在改革简化，逐渐走上拼音化的道路，人们都习用钢笔，还谈什么书法！其实这是不相悖触的。研究成为文化遗产和历史资料的古人书写遗迹，和文字改革固不相妨，而且将来每字即便简化到一点一画，以及只用机器记录，恐怕在点画之间未尝没有美丑的区别，何况简体或拼音符号还不见得都是一个点儿或一个零落的笔道儿呢。

以前确也有些人把书法说得过分神秘：什么晋法、唐法，什么神品、逸品，以及许多奇怪的比喻（当然如果作为一种专门技术的分析或评判的术语，那另是一回事，只是以此要求或教导一切使用汉字的人，是不必要的）；在学习方法上，提倡机械的临摹或唯心的标准；在搜集范本、辨别时代上的烦琐考证；这等等现象使人迷惑，甚至引人厌恶。从前有人称碑帖拓本为“黑老虎”，这个语词的涵义，是不难寻味的。但我们不能因此迁怒而无视法书墨迹和碑帖本身的真正价值。相反的，对于如何批判地接受这宗遗产，在书写上怎样美化我们祖国的汉字，在研究上怎样充分利用这些遗物，并给它们以恰当的评价，则是非常重要的。

二

对于书法这宗遗产的精华，在今天如何汲取的问题，不是简单篇幅所能详论，现在试就墨迹和碑帖谈一下它们在艺术方面、文献方面的价值和功用。

法书墨迹和碑帖的区别何在？法书这个称呼，是前代对于有名的好字迹而言。墨迹是统指直接书写（包括双钩、临、摹等）的笔迹，有些写的并不完全好而由于其他条件被保存的。以上算一类。碑帖是指石刻和它们的拓本。这两种，在我们的文化史上都具有悠久传统和丰富的数量。先从墨迹方面来看：

殷墟出土的甲骨和玉器上就已有朱、墨写的字，殷代既已有文字，保存下来，并不奇怪，可惊的是那些字的笔画圆润而有弹性，墨痕因之也有轻重，分明必须是一种精制的毛笔才能写出的。笔画的力量的控制，结构疏密的安排，都显示出写者具有深湛的锻炼和丰富的经验。可见当时书法已经绝不仅仅是记事的简单号码，而是有美化要求的。战国的帛书、竹简的字迹，更见到书写技术的发展。至于汉代墨迹，近年出土更多，我们从竹简、陶器以及纸张上看到各种不同用途、不同风格的字迹：精美工整的“名片”（“春君”等简）；仓皇中的草写军书；陶制明器上公文律令式的题字；简册上抄写的古书籍（《论语》、《急就章》等）；等等。笔势和字体都表现不同的精神，使我们很亲切地看到汉代人一部分生活风貌。

汉以后的墨迹，从埋藏中发现的更多。先就地上流传的法书真迹来看：从晋、唐到明、清，各代各家的作品，真是五光十色。书法的美妙，自然是它们的共同条件之一，而通过各件作品，不但可以看到写者以及他所写给的对方的形象，还可以提供我们了解古代社会生活多方面的资料。至于因不同的用途而书写成不同的字体，不同的时代有不同的书风，更可以作考古和文物鉴别上许多有力的证据。

举故宫博物院现存的藏品为例：像张伯驹先生捐献的一批古法书里的陆机《平复帖》，以前人不太细认那些字，几乎视同一件半磨灭的古董，现在看来，他开篇就说："彦先羸瘵，恐难平复。"陆机的那位好友贺循的病况消息，仿佛今天刚刚报到我们耳边，而在读过《文赋》的人，更不难联想到这位大文豪兼理论家在当时是怎样起草他那些不朽作品的。王珣《伯远帖》、王献之《中秋帖》，在当时不过是一封普通的信札，简单的程度，仿佛现在所写的一般"便条"，但是写得那样讲究，一个个的字都像是有血有肉有个性的人物。这种信札写法的传统，直到近代还没有完全失掉。较后的像五代杨凝式《夏热帖》和宋代苏轼、米芾，元代赵孟頫等名家所写的手札，不但件件精美，即在流传的他们的作品中，都占绝大数量。这种手札历代所以多被人保存，原因当然很多，其一便是书法的赏玩。

文学作家亲笔写的作品，我们读着分外能多体会到他们的思想感情。从唐杜牧的《张好好诗》，宋范仲淹的《道服赞》，林逋、苏轼、王诜等的自书诗词里看到他们是如何严肃而愉快地书写自己的作品。黄庭坚的《诸上座帖》，是一卷禅宗的语录，虽然是狂草所书，但那不同于潦草乱涂，而是纸作氍毹，笔为舞女，在那里跳着富有旋律、转动照人的舞蹈。南宋陆游自书诗，从自跋里看到他谦词中隐约的得意心情，字迹的情调也是那么轻松流丽，诵读这卷真迹时，便觉得像是作者亲手从旁指点一样。这又不仅只书法精美一端了。再像张即之寸大楷字的写经，赵孟頫写的大字碑文或长篇小楷，动辄成千累万的字，则首尾一致，精神贯注，也看见他们的写字功夫，甚至可以恭维一下他们的劳动态度……

至于双钩临摹，虽不是原来的真迹，但钩摹忠实的仍有很高的价值。像王羲之的《兰亭序》，原本早已不存，而故宫博物院所藏有“神龙”半印的那卷，便是唐人摹本中最好的一个。无论“行气”、“笔势”的自然生动，就连墨色都填出浓淡的分别。大家都知道王羲之原稿添了“崇山”二字，涂了“良可”二字，还改了“外、于今、哀、也、作”六字为“因、向之、痛、夫、文”，现在从这个摹本上又见到“每览昔人兴感之由”的“每”字原来是个“一”字，就是“每”字中间的一人横画，这笔用的重墨，而用淡墨加上其他各笔。在文章的语言上，“一览”确是不如“每览”所包括的时间广阔，口气灵活而感情深厚。所以说，明明是复制品，也有它们的价值。同时著名作家的手稿，虽然涂改得狼藉满纸，却能透露他们构思的过程。甚至有人说，越是草稿，书写越不矜持，字迹越富有自然的美。所以纵然涂抹纵横的字纸，也不宜随便轻视，而要有所区别。

怎么说书法上能看出书者的个性呢？即如“十年一觉扬州梦，赢得青楼薄幸名”的杜牧，笔迹也是那么流动；而能使“西贼闻之惊破胆”的范仲淹，笔迹便是那么端重；佯狂自晦的杨疯子（凝式），从笔迹上也看到他“抑塞磊落”的心情；玩世不恭的米颠（芾），最擅长运用毛笔的机能，自称为“刷字”，笔法变化多端，而且写着写着，高起兴来便画个插图，如《珊瑚帖》的笔架。这把戏他还不止搞过一次，相传他给蔡京写信告帮求助，说自己一家行旅艰难，只有一只小船，随着便画一只小船，还加说明是“如许大”，使得蔡京啼笑皆非。至于林逋字清疏瘦劲；苏轼字的丰腴开朗，而结构上又深深表现出巧妙的机智。这等等例子，真是数不完的。尤其是人民所景仰的伟大人物，他们的片纸只字，即使写得并不精工，也都成了巍峨的纪念塔。像元代农民保存文天祥字的故事，便是一个例证。

三

谈到碑帖，碑、帖同是石刻，而有区别。分别并不在石头的横竖形式，而在它们的性质和用途。刻碑（包括墓志等）的目的主要是把文词内容告诉观者，比如名人的事迹、名胜的沿革，以及政令、禁约等等。这上边书法的讲求，是为起美化、装饰甚至引人阅读、保存作用的。帖则是把著名的书迹摹刻流传的一种复制品。凡碑帖石刻里当然并不完全是够好的字，从前“金石家”收藏多是讲求资料，“鉴赏家”收藏多是讲求字迹、拓工。我们现在则应该兼容并包，一齐重视。

先从书法看，古碑中像唐宋以来著名的刻本，多半是名手所写，而唐以前的则署名的较少，但字法的精美多彩，却是“各有千秋”。帖更是为书法而刻的，所以碑帖的价值，字迹的美好，先占一个重要地位。

其次刻法、拓法的精工，也值得注意，看从汉碑到唐碑原石的刀口，是那么精确，看唐拓《温泉铭》几乎可以使人错认为白粉所写的真迹。古代一般的碑志还是直接写在石上，至于把纸上的字移刻到石上去就更难了，从油纸双钩起到拓出、装裱止，要经过至少七道手续，但我们拿唐代僧怀仁集王羲之字的《圣教序》、宋代的《大观帖》、明代的《真赏斋帖》、《快雪堂帖》等等来和某些见到墨迹的字来比较，都是非常忠实，有的甚至除了墨色浓淡无法传出外，其余几乎没有两样。这是我们文化史、雕刻史、工艺史上成就的一个组成部分，是不应该忽视的。

碑帖的文献性（或说资料性）是更大的，用“石经”校经，用碑志证史、补史，以及校文、补文的，前代早已有人注意作过，但所作的还远远不够。何况后来继续发现的愈来愈多！例如：唐欧阳询写的《九成宫醴泉铭》的“高阁周建，长廊四起”的“四”字，所传的古拓本都残损了下半，上边还有一个泐痕，很像“穴字头”（翻造伪本，虽有全字，而不被人相信）。于是有人怀疑也许是“突起”吧？我也觉得有些道理。最近张明善先生捐献国家一册最早拓本，那“四”字完整无缺，回想起来，所猜十分可笑，“长廊”焉能“突起”呢？这和唐摹兰亭的“每”字正有同类的价值（而这本笔画精神的丰满更是说不尽的），古拓本是如何的可贵！

其次像唐李邕写的《岳麓山寺碑》，到了清代，虽然有剥落，而存字并不太少。清修《全唐文》把它收入，但字数竟自漏了若干。所以一本普通常见的碑，也有校订的用处。又如其他许多文学家像庾信、贺知章、樊宗师等所撰的墓志铭，也都有发现，有的和集本有异文，有的便是集外文，如果把无论名家或非名家的文章一同抄录起来，那么“全各代文”不知要多出多少！还有名家所写的，也有新发现，在书法方面，即非名家所写，也常多有可观的。即是不够好的，也何尝不可作研究书法字体沿革的资料呢！

至于从碑志中参究史事的记录，更是非常重要，也多到不胜列举，姑且提一两个：欧阳修作《五代史》不敢给他立传的“韩瞠眼”（通），到了元代修《宋史》才被表彰，列入“周三臣传”，而他们夫妇的墓志近年出土，还完好无缺。这位并不知名的撰文人，真使欧阳公向他负愧。又如“旗亭画壁”的诗人王之涣，到今天诗只剩了六首，事迹也茫无可考，已经不幸了。而旗亭这一次吐气的事，又还被明胡应麟加以否定，现在从他的墓志里得到有关诗人当日诗名和遭遇的丰富材料。

至于帖类里，更是收罗了无数名家、多种风格的字迹。从书法方面看，自是丰富多彩。尤其许多书迹的原本已经不存，只靠帖来留下个影子。再从它的文献性（或说资料性）方面，也是足以惊人的。宋代的《钟鼎款识》帖，刻了许多古金文，《甲秀堂帖》缩摹了《石鼓文》，保存了古代的金石文字资料。又如宋《淳熙秘阁续帖》所刻的李白自写的诗，龙蛇飞舞，使我们更得印证了诗人的性格。白居易给刘禹锡的长信，也是集外的重要文章。《凤墅帖》里刻有岳飞的信札，是可信的真笔。其他名人的集外诗文，或不同性质的社会史、艺术史的资料更是丰富，只看我们从什么角度去利用罢了。我常想：假如把历代的墨迹和石刻的书札合拢起来，还不用看书法，即仅仅抄文，加以研究，已经不知有多少珍奇宝贵的矿藏了。

从墨迹上可以看到书写的时代特征，碑帖上的字迹自然也不例外，同时刻法上也有各时代的风气。两方面结合起来看，条件更加充足，这在对文物的时代鉴定上是极为重要的一个环节。比如试拿敦煌写本看，各朝代都有其特点，即仅以唐代一朝，初、盛、中、晚也不难分别。现在常听到从画风上研究敦煌画的各个时代，这自然重要，其实如果把画上题字的书法特点来结合印证，结论的精确性自必更会增强的。再缩小到每个人的笔迹，如果认清他的个性，不管什么字、什么体，也能辨别。要不，为什么签字在法律上会能够生效呢？

四

总起来说，书法的技艺、法书墨迹、碑帖的原石和拓本这一大宗遗产，是非常丰富而重要，研究整理的工作在我们的文化事业中关系也是很大。我个人不成熟的看法，以为这方面大家应做、可做而且待做的，至少有三点：

1. 书法的考查，分析它的发展源流，影印重要墨迹、碑帖，以供参考。

2. 文字变迁的研究。整理记录各代、各体以至各个字的发展变迁。编成专书。

3. 文献资料的整理。将所有的法书墨迹（包括出土的古文件）、碑帖（包括甲骨、金文）逐步地从编目、录文，达到摄影、出版。

当然这绝非一朝一夕和一人所能做到的事，但是问题不在能不能，而在做不做。现在对于书法有研究的人，是减多增少，而碑帖拓本逃出“花炮作坊”渐向不同的各地图书文物的库房集中，这是非常可喜的。但跟着发生的便是利用上如何方便的问题，当然今天在人民的库房中根本上绝不会“岁久化为尘”，只是能使得向科学进军的小卒们不至于望着有用的资料发生“盈盈一水间，脉脉不得语”的感觉，那就更好了！

从河南碑刻谈古代石刻书法艺术

最近，我国应日本的邀请，选择河南省保存着的汉画像石和古代碑刻的部分拓本，到日本展出。这些都是具有代表性的精美作品。现在就其中碑刻部分谈一谈古代的石刻书法艺术。

石刻文字，是中国历史文化中的一大宗宝贵遗产。在中国的古代石刻文字中，碑志占了绝大多数。人们常常统称为“碑刻”。这种碑刻遍布全国各个地区，从中原腹地到遥远的边疆，几乎没有哪一个省、区没有的。

这些古代的碑刻，绝大多数是历代封建统治者按照他们的需要而写刻的。它的内容，我们自然需要批判地对待。但是，它也保存了不少有价值的古代阶级斗争和生产斗争的历史资料。更普遍为人重视的，是由这些碑刻保留下来的极其丰富的古代书法艺术。我们试看宋代欧阳修的《集古录》，这是古代著录金石最早的一部书，其中固然谈到了有关史事、文词等等方面，但有很多处是涉及书法的。又如清末叶昌炽的《语石》，是从种种角度介绍古代石刻的一部书，其中谈到时代、地区、碑石的形状、所刻的内容、书家、字体以及摹拓、装裱，可称详细无遗了。但在卷六的一条中，作者说：

> 吾人搜访著录，究以书为主，文为宾……若明之弇山尚书（王世贞）辈，每得一碑，惟评骘其文之美恶，则嫌于买椟还珠矣。

可见他收藏石刻拓本的动机，仍然是从书法出发的。

中国自商周至现代，各种书法一直在发展、变化、革新、进步。从形式方面讲，有篆、隶、草、真、行种种字体。在艺术风格方面，各个不同时代乃至各个不同的书家又各有其特点，这便构成了书法艺术史上繁荣灿烂的局面。可是，由于年代的久远，这些书法的真迹存留到今天的已经极少，有些只有从一些碑刻中才能见到它们的面目。所以，碑刻不但是珍贵的历史文物，而且又是一座灿烂夺目的艺术宝库。

特别值得提出：在看碑刻的书法时，常常容易先看它是什么时代、什么字体和哪一书家所写，却忽略了刻石的工匠。其实，无论什么书家所写的碑志，既经刊刻，立刻渗进了刻者所起的那一部分作用（拓本，又有拓者的一部分作用）。这些石刻匠师，虽然大多数没有留下姓名，却是我们永远不能忽略的。

古代碑刻的写和刻的过程是：先用朱笔写在石面上（因为石面颜色灰暗，用朱笔比较明显），称为“书丹”，然后刻工就在字迹上刊刻。最低的要求是把字迹刻出，使它不致磨灭；再高的要求便要使字迹更加美观。因此，书法有高低，刻法有精粗，在古代碑刻中便出现种种不同的风格面貌。这种通过刊刻的书法，一般有两种类型：一种是注意石面上刻出的效果，例如方棱笔画，如用毛笔工具，不经描画，一下绝对写不出来。但经过刀刻，可以得到方整厚重的效果。这可以《龙门造像》为代表。一种是尽力保存毛笔所写点画的原样，企图摹描精确，做到“一丝不苟”，例如《升仙太子碑额》等。但无论哪一类型的刻法，其总的效果，必然都已和书丹的笔迹效果有距离、有差别。这种经过刊刻的书法艺术，本身已成为书法艺术中的另一品种。它在书法史上，数量是巨大的，影响是广泛而深远的。

河南地区，是殷、东周和后来的东汉至北宋王朝的政治文化中心，这里留下的碑刻也是比较丰富的。按碑刻的种类，随着它的内容和用途，本有多种，但其中主要以碑铭、造像记、墓志铭为大宗。下面所谈河南地区自汉至元的各体书法，即从笔写与刀刻结合的效果来考查。所举的例子，也涉及展品以外的碑刻。

古代碑志，在元代以前都是在石上“书丹”，大约到元代才出现和刻帖方法一样的写在纸上，摹在石上，再加刊刻的办法。古代既然是直接写在石上，那么原来的墨迹和刻后的拓本便永远无法对照比较了。相传曹魏《王基碑》当时只刻了一半就埋在土中，清代出土时发现另一半还是未刻的朱笔字迹，这本是极好的对照材料。但即使这半个碑上朱画字迹幸未消灭，也仍然不能代替其他石刻的比较研究。所以我们今天作这方面的研究，只好就字体风格相近的古代墨迹和石刻作品来比较了。

在河南的碑刻中，篆、隶、草、真、行五种字体都各有精品。下面试按类作初步的评述：

篆类中所谓“蝌蚪”一体，原是“古文”类手写体的，它的点画下笔重，收笔尖，这在《正始石经》中的“古文”一体表现得最突出。但我们从近代出土的许多殷代甲骨、玉器上朱笔、墨笔画写的字迹和战国竹简上墨写的这类“蝌蚪”字迹来比较，不难看到《正始石经》上的“古文”笔法的灵活变化方面，当然有不如墨迹的地方，但每字之间风格是那么统一，许多尖锋的笔画，刻在碑行上，经过多年的风雨侵蚀和捶拓磨损，仍然不失它的风度，这不能不使我们钦佩这些写者和刻者手法的精妙。

至于“小篆”一体的特点，在于圆转匀称。它的点画，又多是一般粗细。写的碑版中，似乎不易表现什么宏伟的气魄，其实却并不如此。例如《袁安碑》，即字形并不写得滚圆，而把它微微加方，便增加了稳重的效果。这种写法，其实自秦代的刻石，即已透露出来，后来若干篆画的好作品，都具有这种特点。像《正始石经》中小篆一体，也是如此。后来的不少碑额、志盖，这种特点常常是更为突出。河南石刻中还有特别受人重视的一件篆书，即是李阳冰所写《崔祐甫墓志盖》。李氏是唐代篆书大家，被人称为可以直接秦代李斯笔法的。唐人贾耽题李阳冰碑后云：

（李）斯去千载，（李阳）冰生唐时，冰今又去，后来者谁？后千年有人，吾不得知之；后千年无人，当尽于斯。呜呼郡人，为吾宝之！

可见他的篆书在当时声价之高。但他传世的篆书碑版，多数已经磨损，或经翻刻。这件崭新的志盖，却是光彩射人，笔法刀法都十分精美。传世李阳冰的篆字，以福州《般若台题名》为最大，以张从申书《李玄静碑》中“李阳冰篆额”款字一行为最小，至于北宋的《嘉祐二体石经》，里边“小篆”一体，和《李碑》那几个字大小相等，而它的气势开张，并不缩手缩脚，这比之李阳冰，不但并无逊色，而且是一种新的境界。《嘉祐二体石经》中篆书中有章友直所写的一部分，我们再拿故宫所藏唐人《步辇图》后章氏用篆书所写的跋尾墨迹来比，更觉得石刻字迹效果的厚重。从前讲书法的人，常常以为后人赶不上前人，现在从《袁安碑》、《崔祐甫墓志盖》到《宋石经》来看篆书的发展，分明见到后者未必逊于前者。对旧时代的评书观点，正是一个有力的反驳。同时也算给那位贾耽一个满意的答复，即“后千年有人”！

隶书，最初原是小篆的简便写法。把圆转的笔迹，改成方折。原来连续不断处，大部分拆开；再陆续加工。点画都具备了固定的样式和轻重姿态。这便是今天所见的“汉隶”。河南原有许多汉碑，像《孔庙碑》、《韩仁铭》等，常为书家所称道，但解放后出土的《张景碑》从书法艺术水平上讲，实属“后来居上”。按汉隶字体的点画，多是在定型中有变化，因字立形，并没有死板的写法，又能端重统一。今天我们看到的汉代简牍墨迹极多，也有许多和某些碑刻字体一致的，但它们之间的艺术效果，是究竟有所不同的。往下看去，曹魏时的《受禅表》、《上尊号碑》等，便渐趋方整，变化也比较少了。这大概是因为这个时期日常通用的字体，已渐渐进入真书（又称“今隶”、“正书”、“楷书”）的领域，汉隶是在特定的场合应用的，所以也是作为一种特定的字体来书写的。到了晋代人所写汉隶字体，又有变化，大的像《三临辟雍碑》，小的像《徐义墓志》那一类的晋隶，虽然笔画比较灵活，但似用一种扁笔所写，这大概是为了达到某种效果而改制了书写工具。到了唐代，隶体出现了一次大革新，它的点画尽力遵用汉碑的笔法，要求圆润而有顿挫。结字比汉隶稍微加高，多数成为正方形。在用笔和结体上，都成为唐隶的特有风格。后世喜好“古朴”风格的，常常轻视唐隶。但一种字体，随着时代的变迁，是不能不变的。自汉代以后，各时代都有新的探索。从具体的作品看，也有较优较差的不同。唐代人用隶书体，是使用旧字体，但能在汉隶的基础上开辟途径，追求新效果，不能不说是一种创新。我们试看徐浩写的《嵩阳观碑》和他的儿子徐珙写的《崔祐甫墓志》，这些碑和志的书法就给人以整齐而不板滞、庄严而又姿媚的感觉。如果按汉隶的尺度来要求唐人，当然不会符合，但从隶书的发展来看，唐隶毕竟算是一种创造。

草书原有“章草”、“今草”之分。“章草”是汉代人把当时的隶书简写、快写而成的。“今草”是晋代以来的人逐步把“真书”简写、快写而成的。章草不但字形结构和点画姿势与今草有不同，而字与字之间常常独立而不牵连，也是章、今差别中的一种突出的现象。

草书到了唐代，已是今草的世界，唐人写章草本来只是模拟一种古体罢了。河南的《升仙太子碑》却有出人意表的现象。首先，用草体写碑文，在这以前是没有的，它是一个创例。其次这碑上的草字从偏旁结构到点画形态都属于今草的范畴，而从前却有人误认它为章草，或说它有章草笔法，这是为什么呢？按这个碑文有横竖方格，每字纳入格中，因而字字独立，并无牵连的地方，便与章草的体势十分接近；其次是字形分寸比一般简劄加大，又是写碑，用笔就更不能不特加沉重；最后看到刻工刀法的精确，每笔起伏俱在，拓出来看，白色一律调匀，那些光滑石面上墨色浓淡不匀的痕迹一律改观。我们试把日本保存着的唐代贺知章草书《孝经》和这个碑中字迹相比，可以看出二者之间是多么相似。但《孝经》的艺术效果却远远不如碑字的雄厚。这固然由于《孝经》字迹较小，墨色浓淡不匀，而碑字既大，又经刻、拓，所以倍觉醒目。可见刻工的作用，不能不列入每件碑刻艺术品的成功因素之内。

真书是从隶书演变来的。结构比隶书更加轻便，点画比隶书更加柔和。从较繁密的笔画中减削笔画，也非常方便，而其形体并不因减笔而有所损伤。端庄去写，便是真书；略加连贯，便是行书。在如此优越的条件下，真书一体从形成后直到今天，一直被用作通行的字体。

真书的艺术风格，每个时代都有不同，但在它作为一种特定的文字形态也就是一种“字体”来讲，成熟约在晋唐之间。

这种字体的艺术风格的发展，大体有两大阶段，一是南北朝到隋，一是唐代和以后。前一时期，真书的结构写法，逐步趋于定型，例如横画起笔不向下扣，收笔不向上挑等等。但这时究竟距离用隶书的时间尚近，人们的手法习惯以至书写工具的制作方法上，都存留前代的影响较深，所以虽然是写真书，而这种真书字迹中往往自然地含有隶书的涩重味道，甚至还有意无意地保存着某些隶书笔画。我们仔细分析它们的艺术结构，是常常随着字形的结构而自然地来安排笔画的，例如：哪边偏旁笔画较多，便把它写密一点。并不把一字中的笔画平均分配，所以清代邓石如形容这类结体说：“字画疏处可以走马，密处不使透风。”我们又看到北碑结字常把一个字的重心安排偏上，字的下半部常使宽绰有余，架势比较庄重稳健。再加上刻工刀法的方整，又增添了许多威严的气氛。这在北魏的碑铭墓志中是随处可见的。例如《嵩高灵庙碑》、《元怀墓志》、《元诠墓志》、《龙门造像》以及宋代重摹的《吊比干文》等等，都可以充分地说明这一点。

清朝中叶以来，许多书家由于厌薄“馆阁体”的书风，想从古碑刻中找寻新的途径，于是群起研习北朝书法，特别是北魏的书法。包世臣著《艺舟双楫》更作了大力的鼓吹。当时古代墨迹发现极少，大家所能见到的只有碑刻，于是有人在北碑中经过刀刻的笔画上寻求“笔法”。例如包世臣在《艺舟双楫·述书上》里记述他的朋友黄乙生的话说：“唐以前书，皆始艮终乾，南宋以后书，皆始巽终坤。”我们知道古代把“八卦”配合四方的说法是西北为乾，东北为艮，东南为巽，西南为坤。这里说“艮乾”，不言而喻是代表四角中的两个角，不等于说从东到西一条细线。譬如筑墙，如果仅仅筑一道北墙，便只说“从东到西”就够了，既然提出“艮乾”，那么必是指一个四方院的墙。这不难理解，黄氏是说，一个横画行笔要从左下角起，填满其他角落，归到右下角。这分明是要写出一种方笔画，但圆锥形的毛笔，不同于扁刷子，用它来写北碑中经过刀刻的方笔画，势必需要每个角落一一填到。这可以说明当时的书家是如何地爱好、追求古代刻石人和书丹人相结合的艺术效果。这种用笔方法的尝试，在包世臣的字迹中表现得还不够明显（黄乙生的字迹，我没见过），到了清末的陶浚宣、李瑞清等可说是这种用笔方法的实行者。后来有不少人曾对于黄乙生这种说法表示不同意，以为北朝的墨迹与刀刻的现象有所不同。但我们知道，某一个艺术品种的风格，被另一个艺术品种所汲取后，常使后者更加丰富而有新意。举例来说：商周铜器上的字，本是铸成的，后人把它用刀刻法摹入印章，于是在汉印缪篆之外又出了新的风格。又如一幅用笔画在纸上的图画，经过刺绣工人把它绣在绫缎上，于是又成了一种新的艺术品。如果书家真能把古代碑刻中的字迹效果，通过毛笔书写，提炼到纸上来，未尝不是一个新的书风。同时我们试看今天见到的北朝墨迹，例如一些北朝写经、北魏司马金龙墓中漆屏风上的字迹，以及一些高昌墓碑上的字迹，它们的笔势和结体，无不足与北碑相印证，但从总的艺术效果看，那些墨迹和碑刻中的字迹，给人的感受毕竟是不同的。

这里附带谈一下拓本的效果问题。我们知道，石刻必用纸墨拓出才能更清楚地看出字迹，那么一件碑刻除书者、刻者的功绩外，还要算上拓者和装裱者的功绩。至于古代石刻因年久字口磨秃，拓出的现象，又构成另一种艺术效果。世行影印清代杨澥旧藏的《瘗鹤铭》有何绍基题识二段说：“覃溪（翁方纲）诗云：‘曾见黄庭肥拓本，憬然大字勒崖初。’此语真知《瘗鹤铭》亦真知《黄庭》者。”按《黄庭经》字小而多扁，《瘗鹤铭》字大而多长，笔势也并非一路，翁、何二人何以这样比喻？拿这两种拓本对看，也就憬然而悟，何氏所谓“真知”，只是真知它们同等模糊而已。明代祝允明、王宠等所写的小楷，即是追求一些拓秃了的“晋唐小楷”帖上的效果，因而自成一种风格。这些是古石刻在书写、刊刻之外，因较晚的拓本而影响到书法艺术创作和评论的一个例子。

到了唐代，真书风格渐趋匀圆整齐，在艺术结构上，疏密渐匀，上下左右也常以匀称为主。每个点画，出现有意地追求姿媚的现象。行笔更加轻巧，往往真书中带有行书的顾盼笔势。清末康有为在《广艺舟双楫》中特别提出“卑唐”一章，大约是嫌唐人书法的“古朴”风格不如北朝。但事物是发展的，唐人的真书我们无法否认有它的新气象。河南的碑刻中，如《伊阙佛龛记》的方严，《夏日游石淙诗》的爽利，《少林寺碑》的紧密，《八关斋记》、《元结墓碑》的浑厚，如此等等，各有特殊的境界。回头再看北朝的字迹，又觉得不能专美于前了。

宋代的真书，除某些人的个人风格上有所不同外，大体上并未超出唐人的范围。但也不是没有新风格出现。例如《大观圣作碑》，把笔画非常纤细的“瘦金体”刻入碑中。与“大书深刻”恰恰相反，然而它却能撑得起碑面，并不觉得单薄，这固然由于书法的笔力健拔，而刀法的稳准深入也有绝大关系。

至于行书，自唐代僧怀仁所谓“集王羲之书”的《圣教序》出来以后，若干行书作品都受它的影响。即唐人“自运”的行书，也同样具有这种格调。这里如褚庭诲写的《程伯献墓志》便可算是唐代一般行书的代表。到宋代“集王”行书成了御书院书写诏令、官告的标准字体，被称为“院体”。于是苏米一派异于“集王”的字体，便经常出现在宋代碑刻中，也可以说是一种革新相对“院体”熟路的否定。

至于刻法刀工，到了唐宋以来比唐以前也有新的发展。刻工极力保存字迹的原样，如有破锋枯笔，也常尽力表现。当然这种表现方法与后世摹刻法帖来比，还是比较简单甚至可说是比较粗糙的，但从这点可以看到刻碑人的意图，是怎样希望如实地表现字迹笔锋的。所以唐宋碑中尽管有些纤细笔画的字迹，例如《大观圣作碑》虽经八百多年的时间，却与古碑面磨损一层的例如隋《常丑奴墓志》旧拓本那种模糊效果绝不相同，这不能不说是刻法的一大进步。虽然说刻法这时注意“存真”，但我们如果把唐人各种墨迹和碑刻拓本来比，它的效果仍然不尽相同，这在前边草书部分里已经谈到。唐人真书流传更多，如果一一比较，真有“应接不暇”之感，现在举一件新出土的唐《程伯献墓志》来看。书者褚庭诲的字迹，我们除了在《淳化阁帖》中见到几行之外，这是一个新发现。这种行书体和旧题所谓《柳公权书兰亭诗》非常相似。但《兰亭诗》写在绢上，笔多燥锋，它的轻重浓淡处我们是一目了然的。而这个墓志刻本，当然无法表现燥锋，也不知褚氏原迹有没有燥锋，但志石字迹在丰满匀圆中却仍然表现了轻重顿挫。由此知道不但唐代书人写行书是非凡地擅长，而唐代石工刻行书也是异常出色的。只要看怀仁的《圣教序》、李邕《李思训碑》以至这个《程伯献墓志》等，便可以得到充分的证明。

最后略谈北宋的《十善业道经要略》和《嘉祐石经》中的真书部分，写的字体横平竖直，刻的刀法也方齐匀整，这样写法和刻法的风格，已开了“宋板书”的先路，这是时代风气所趋，也不妨说宋代刻书曾受这种刻碑方法影响的。我们从这里可以看到今天每日印刷若干亿字的“宋体字”，是怎样从晋唐真书中发展而来的，这也是字体、书法的发展史上一项重要的资料。

谈诗书画的关系

首先说明，这里所说的诗是指汉诗，书指汉字的书法，画指中国画。

大约自从唐代郑虔以同时擅长诗书画被称为“三绝”以后，这便成了书画家多才多艺的美称，甚至成为对一个书画家的要求条件。但这仅只是说明三项艺术具备在某一作者身上，并不说明三者的内在关系。

古代又有人称赞唐代王维“诗中有画，画中有诗”，以后又成了对诗、画评价的常用考语。这比泛称三绝的说法，当然是进了一步。现在拟从几个不同的角度，探索一下诗书画的关系。

一

“诗”的涵义。最初不过是徒歌的谣谚或带乐的唱辞，在古代由于它和人们的生活有着密切的关系，又发展到政治、外交的领域中，起着许多作用。再后某些具有政治野心、统治欲望的“理论家”硬把古代某些歌辞解释成为含有“微言大义”的教条，那些记录下来的歌辞又上升为儒家的“经典”。这是诗在中国古代曾被扣上过的几层帽子。

客观一些，从哲学、美学的角度论的“诗”，又成了“美”的极高代称。一切山河大地、秋月春风、巍峨的建筑、优美的舞姿、悲欢离合的生活、壮烈牺牲的事迹等等，都可以被加上“诗一般的”这句美誉。若从这个角度来论，则书与画也可被包罗进去。现在收束回来，只谈文学范畴的“诗”。

二

诗与书的关系。从广义来说，一个美好的书法作品，也有资格被加上“诗一般的”四字桂冠，现在从狭义讨论，我便认为诗与书的关系远远比不上诗与画的关系深厚。再缩小一步，我曾认为书法不能脱离文辞而独立存在，即使只写一个字，那一个字也必有它的意义。例如写一个“喜”字或一个“福”字，都代表着人们的愿望。一个“佛”字，在佛教传入以后，译经者用它来对梵音，不过是一个声音的符号，而纸上写的“佛”字，贴在墙上，就有人向它膜拜。所拜并非写的笔法墨法，而是这个字所代表的意义。所以我曾认为书法是文辞以至诗文的“载体”。近来有人设想把书法从文辞中脱离出来而独立存在，这应怎么办，我真是百思不得其法。

但转念书法与文辞也不是随便抓来便可用的瓶瓶罐罐，可以任意盛任何东西。一个出土的瓷虎子，如果摆在案上插花，懂得古器物的人看来，究竟不雅。所以即使瓶瓶罐罐，也不是没有各自的用途。书法即使作为“载体”，也不是毫无条件的；文辞内容与书风，也不是毫无关联的。唐代孙过庭《书谱》说：“写《乐毅》则情多怫郁，书《画赞》则意涉环齐，《黄庭经》则怡怿虚无，《太师箴》又纵横争折。暨乎兰亭兴集，思逸神超；私门诫誓，情拘志惨。所谓涉乐方笑，言哀已叹。”王羲之的这些帖上是否果然分别表现着这些种情绪，其中有无孙氏的主观想象，今已无从在千翻百刻的死帖中得到印证，但字迹与书写时的情绪会有关系，则是合乎情理的。这是讲写者的情绪对写出的风格有所影响。

还有所写的文辞与字迹风格也有适宜与否的问题。例如用颜真卿肥厚的笔法、圆满的结字来写李商隐的“昨夜星辰昨夜风”之类的无题诗，或用褚遂良柔媚的笔法、俊俏的结字来写“杀气冲霄，儿郎虎豹”之类的花脸戏词，也使人觉得不是滋味。

归结来说，诗与书，有些关系，但不如诗与画的关系那么密切，也不如那么复杂。

三

书与画的关系问题。这是一个大马蜂窝，不可随便乱捅。因为稍稍一捅，即会引起无穷的争论。但题目所逼，又不能避而不谈，只好说说纯粹属于我个人的私见，并不想“执途人以强同”。

我个人认为“书画同源”这个成语最为“书画相关论”者所引据，但同“源”之后，当前的“流”还同不同呢？按神话说，人类同出于亚当、夏娃，源相同了。为什么后世还有国与国的争端，为什么还有种族的差别，为什么还要语言的翻译呢？可见“当流说流”是现实的态度，源不等于流，也无法代替流。

我认为写出的好字，是一个个富有弹力、血脉灵活、寓变化于规范中的图案，一行一篇又是成倍数、方数增加的复杂图案。写字的工具是毛笔，与作画的工具相同，在某些点画效果上有其共同之处。最明显的，例如元代柯九思、吴镇，明清之间的龚贤、渐江等等，他们画的竹叶、树枝、山石轮廓和皴法，都几乎完全与字迹的笔画调子相同，但这不等于书画本身的相同。

书与画，以艺术品种说，虽然殊途，但在人的生活上的作用，却有共同之处。一幅画供人欣赏，一幅字也无二致。我曾误认文化修养不深的人、不擅长写字的人必然只爱画不爱字，结果并不然。一幅好字吸引人，往往并不亚于一幅好画。

书法在一个国家民族中，既具有“上下千年、纵横万里”的经历，直到今天还在受人爱好，必有它的特殊因素。又不但在使用这种文字的国家民族中如此，而且越来越多地受到并不使用这种文字的兄弟国家民族的艺术家们注意。为什么？这是个值得探索的问题。

我认为如果能找到书法艺术所以能起如此作用，能有如此影响的原因，把这个“因”和画类同样的“因”相比才能得出它们的真正关系。这种“因”是两者关系的内核，它深于、广于工具、点画、形象、风格等等外露的因素。所以我想与其说“书画同源”，不如说“书画同核”，似乎更能概括它们的关系。

有人说，这个“核”究竟应该怎样理解，它包括哪些内容？甚至应该探讨一下它是如何形成的。现在就这个问题作一些探索。

1. 民族的习惯和工具：许多人长久共同生活在一块土地上，由于种种条件，使他们使用共同的工具。

2. 共同的好恶：无论是先天生理的或后天习染的，在交通不便时，久而蕴成共同心理、情调以至共同的好恶，进而成为共同的道德标准、教育内容。

3. 共同表现方法：用某种语辞表达某些事物、情感，成为共同语言。用共同办法来表现某些形象，成为共同的艺术手法。

4. 共同的传统：以上各种习惯，日久成为共同的各方面的传统。

5. 合成了“信号”：以上这一切，合成了一种“信号”，它足以使人看到甲联想乙，所谓“对竹思鹤”、“爱屋及乌”，同时它又能支配生活和影响艺术创作。合乎这个信号的即被认为谐调，否则即被认为不谐调。

所以我以为如果问诗书画的共同“内核”是什么，是否可以说即是这种多方面的共同习惯所合成的“信号”。一切好恶的标准，表现的手法，敏感而易融的联想，相对稳定甚至寓有排他性的传统，在本民族（或集团）以外的人，可能原来无此感觉，但这些“信号”是经久提炼而成的，它的感染力也绝不永久限于本土，它也会感染别人，或与别的信号相结合，而成新的文化艺术品种。

当这个信号与另一民族的信号相遇而有所比较时，又会发现彼此的不足或多余。所谓不足、多余的范围，从广大到细微，从抽象到具体，并非片言可尽。姑从缩小范围的诗画题材和内容来看，如把某些诗歌中常用的词汇、所反映的生活，加以统计，它的雷同重复的程度，会使人吃惊甚至发笑。某些时代某些诗人、画家，总有爱咏、爱画的某些事物，又常爱那样去咏、那样去画。也有绝不“入诗”、“入画”的东西和绝不使用的手法。彼此影响，互相补充，也常出现新的风格流派。

这种彼此影响，互成增减的结果，当然各自有所变化，但在变化中又必然都带有其固有的传统特征。那些特征，也可算作“信号”中的组成部分。它往往顽强地表现着，即使接受了乙方条件的甲方，还常能使人看出它是甲而不是乙。

再总括来说，前所谓的“核”，也就是一个民族在文化艺术上由于共同工具、共同思想、共同方法、共同传统所合成的那种“信号”。

四

诗与画的关系。我认为诗与画是同胞兄弟，它们有一个共同的母亲，即是生活。具体些说，即是它们都来自生活中的环境、感情等等，都有美的要求、有动人力量的要求等等。如果没有环境的启发、感情的激动，写出的诗或画，必然是无病呻吟或枯燥乏味的。如果创作时没有美的要求，不想有动人的力量，也必然使观者、读者味同嚼蜡。

这些相同之处，不是人人都同时具备的，也就是说不是画家都是诗人，诗人也不都是画家。但一首好诗和一幅好画，给人们的享受则是各有一定的分量，有不同而同的内核。这话似乎未免太笼统、太抽象了。但这个原则，应该是不难理解的。

从具体作品来说，略有以下几个角度：

1. 评王维的“诗中有画，画中有诗”这两句名言，事实上已把诗画的关系缩得非常之小了。请看王维诗中的“画境”名句，如“山中一夜雨，树杪百重泉”，“竹喧归浣女，莲动下渔舟”，“草枯鹰眼疾，雪尽马蹄轻”，“坐看红树不知远，行尽青山忽见人”等等著名佳句，也不过是达到了情景交融甚或只够写景生动的效果。其实这类情景丰富的诗句或诗篇，并不止王维独有，像李白、杜甫诸家，也有许多可以媲美甚至超过的。李白如“朝辞白帝彩云间”、“天门中断楚江开”，《蜀道难》诸作；杜甫如“吴楚东南坼”、“无边落木萧萧下”，《奉观严郑公厅事岷山沱江画图十韵》诸作，哪句不是“诗中有画”？只因王维能画，所以还有下句“画中有诗”，于是特别取得“优惠待遇”而已。

至于王维画是个什么样子，今天已无从得以目验。史书上说他“云峰石迹，过出天机；笔思纵横，参乎造化”。这两句倒真达到了诗画交融的高度，但又夸张得令人难以想象了。试从商周刻铸的器物花纹看起，中经汉魏六朝，隋唐宋元，直到今天的中外名画，又哪一件可以证明“天机”、“造化”是个什么程度？王维的真迹已无一存，无从加以证实，那么王维的画便永远在“诗一般的”极高标准中“缺席判决”地存在着。以上是说诗与画二者同时具备于一人笔下的问题。

2. 画面境界会因诗而丰富提高。画是有形的，而又有它的先天局限性。画某人的像，如不写明，不认识这个人的观者就无从知道是谁。一个风景，也无从知道画上的东西南北。等等情况，都需要画外的补充。而补充的方法，又不能在画面上多加小注。即使加注，也只能注些人名、地名、花果名、故事名，却无从注明其中要表现的感情。事实上画上的几个字的题辞以至题诗，都起着注明的作用，如一人骑驴，可以写“出游”、“吟诗”、“访友”甚至“回家”，都可因题名而唤起观者的联想，丰富了图中的意境，题诗更足以发挥这种功能。但那些把图中事物摘出排列成为五、七言有韵的“提货单”，则不在此内（不举例了）。

杜甫那首《奉观严郑公厅事岷山沱江画图十韵》诗，首云：“沱水流中坐，岷山到北堂。”这幅画我们已无从看到，但可知画上未必在山上注写“岷山”，在水中注写“沱水”。即使曾有注字，而“流”和“到”也必无从注出，再退一步讲，水的“流”可用水纹表示，而山的“到”，又岂能画上两脚呢！无疑这是诗人赋予图画的内容，引发观画人的情感，诗与画因此相得益彰。今天此画虽已不存，而读此诗时，画面便如在眼前。甚至可以说，如真见原画，还未必比得上读诗所想的那么完美。

再如苏轼《题虔州八境图》云：“涛头寂寞打城还，章贡台前暮霭寒，倦客登临无限思，孤云落日是长安。”我生平看到宋画，敢说相当不少了，也确有不少作品能表达出很难表达的情景，即此诗中的涛头、城郭、章贡台、暮霭、孤云、落日都不难画出，但苏诗中那种过肠荡气的感情，肯定画上是无从具体画出的。

又一首云："朱楼深处日微明，皂盖归来酒半醒。薄暮渔樵人去尽，碧溪青嶂绕螺亭。"和前首一样，景物在图中不难一一画出，而诗中的那种惆怅心情，虽荆、关、李、范也必无从措手的。这八境图我们已知是先有画后题诗的，这分明是诗人赋予图画以感情的。但画手竟然用他的图画启发了诗人这些感情，画手也应有一份功劳。更公平地说，画的作用并不只是题诗用的一幅花笺，能引得诗人题出这样好诗的那幅画，必然不同于寻常所见的污泥浊水。

3. 诗画可以互相阐发。举一个例：曾见一幅南宋人画的纨扇，另一面是南宋后期某个皇帝的题字，笔迹略似理宗。画一个大船停泊在河边，岸上一带城墙，天上一轮明月。船比较高大，几占画面三分之一，相当充塞。题字是两句诗，"泬寥明月夜，淡泊早秋天"，不知是谁作的。也不知这两面纨扇，是先有字后补图，还是为图题的字。这画的特点在于诗意是冷落寂寞的，而画面上却是景物稠密的，妙处在即用这样稠密的景物，竟能把"泬寥"、"明月夜"和"淡泊"、"早秋天"的难状内容，和盘托给观者。足使任何观者都不能不承认画出了以上四项内容，而且了无差错。如果先有题字，则是画手善于传出诗意，这定是深通诗意的画家；如果先有画，则是题者善于捉住画中的气氛，而用语言加工成为诗句。如诗非写者所作，则是一位善于选句的书家。总之或诗中的情感被画家领悟，或画家的情感被题者领悟，这是“相得益彰”的又一典范。

其实所见宋人画尤其许多纨扇小品，一入目来便使人发生某些情感的不一而足。有人形容美女常说“一双能说话的眼睛”，我想借喻好画说它们是一幅幅“能说话的景物，能吟诗的画图”。

可以设想在明清画家高手中如唐六如、仇十洲、王石谷、恽南田诸公，如画泬寥淡泊之景，也必然不外疏林黄叶、细雨轻烟的处理手法。更特殊的是那幅画大船纨扇的画家，是处在“马一角”的时代，却不落“一角”的套子，岂能不算是豪杰之士！

4. 诗画结合的变体奇迹。元代已然是“文人画”（借用董其昌语）成为主流，在创作方法上已然从画幔上贴绢立着画而转到案头上铺纸坐着画了。无论所画是山林丘壑还是枯木竹石，他们最先的前提，不是物象是否得真，而是点画是否舒适。换句话说，即是志在笔墨，而不是志在物象。物象几乎要成为舒适笔墨的载体，而这种舒适笔墨下的物象，又与他们的诗情相结合，成为一种新的东西。倪瓒那段有名的题语说他画竹只是写胸中的逸气，任凭观者看成是麻是芦，他全不管。这并非信口胡说，而确实代表了当时不仅只倪氏自己的一种创作思想。能够理解这个思想，再看他们的作品，就会透过一层。在这种创作思想支配下，画上的题诗，与物象是合是离，就更不在他们考虑之中了。

倪瓒画两棵树一个草亭，硬说它是什么山房，还振振有词地题上有人有事有情感的诗。看画面只能说它是某某山房的“遗址”，因为既无山又无房，一片空旷，岂非遗址？但收藏著录或评论记载的书中，却无一写它是“遗址图”的，也没人怀疑诗是抄错了的。

到了八大山人又进了一步，画的物象，不但是“在似与不似之间”，几乎可以说他简直是要以不似为主了。鹿啊、猫啊，翻着白眼，以至鱼鸟也翻白眼。哪里是所画的动物翻白眼，可以说那些动物都是画家自己的化身，在那里向世界翻着白眼。在这种画上题的诗，也就不问可知了。具体说，八大题画的诗，几乎没有一首可以讲得清楚的，想他原来也没希望让观者懂得。奇怪的是那些“天晓得”的诗，居然曾见有人为它诠释。雅言之，可说是在猜谜；俗言之，好像巫师传达神语，永远无法证实的。

但无论倪瓒或八大，他们的画或诗以及诗画合成的一幅幅作品，都是自标新义、自铸伟辞，绝不同于欺世盗名、无理取闹。所以说它们是瑰宝，是杰作，并不因为作者名高，而是因为这些诗人、画家所画的画，所写的字，所题的诗，其中都具有作者的灵魂、人格、学养。纸上表现出的艺能，不过是他们的灵魂、人格、学养升华后的反映而已。如果探索前边说过的“核”，这恐怕应算核中一个部分吧！

5. 诗画结合也有庸俗的情况。南宋邓椿《画继》记载过皇帝考画院的画手，以诗为题。什么“乱山藏古寺”，画山中庙宇的都不及格，有人画山中露出鸱尾、旗杆的才及了格。“万绿丛中红一点”，画绿叶红花的都不及格，有人画竹林中美人有一点绛唇的乃得中选。“踏花归去马蹄香”，画家无法措手，有人画马蹄后追随飞舞着蜜蜂蝴蝶，便夺了魁。如此等等的故事，如果不是记录者想象捏造的，那只可以说这些画是“画谜”，谜面是画，谜底是诗，庸俗无聊，难称大雅。如果是记录者想象出来的，那么那些位记录者可以说“定知非诗人”（苏轼诗句）了。

从探讨诗书画的关系，可以理解前人“诗禅”、“书禅”、“画禅”的说法，“禅”字当然太抽象，但用它来说诗、书、画本身许多不易说明的道理，反较繁征博引来得概括。那么我把三者关系说它具有“内核”，可能辞不达意，但用意是不难理解的吧？我还觉得，探讨这三者之间的关系，必须对三者各自具有深刻的、全面的了解。在了解的扎实基础上再能居高临下去探索，才能知唐宋人的诗画是密合后的超脱，而倪瓒、八大的诗画则是游离中的整体。这并不矛盾，引申言之，诗书画三者间，也有其异中之同和同中之异的。

一九八五年四月十八日

晋代人书信中的句逗

今年二月下旬，有一位兄弟院校的教师寄来一封信，说到王羲之写的《快雪时晴帖》中有一处句逗难断，据说问过两位朋友，所说不一，因来函垂询。帖文如下：

> 羲之顿首，快雪时晴，佳想安善。未果为结力不次，王羲之顿首。山阴张侯。

这里除后面写信的人名和受信人张侯（侯是尊称）外。“快雪”等八个字，也很明白。只有“未果”等七个字不易点断。这正是那位朋友垂询的问题。我学书法，也曾不止一次地临写这个帖，也曾对这七个字的句逗感到困惑。后来从“力不次”得到初步的解释：回忆幼年时，家中有婚、丧诸事，有亲友送来礼物，例由管账的人填写一张“谢帖”，格式是用一张信笺一样的空纸，右边印一个“领”字（如不能接受的礼物，即改“领”，写一个“璧”字，表示璧还），中间上端印一个“谢”字，下半印受礼家的主人姓名，左边空处由管账者临时写“力若干（付给力的酬劳钱数）”。这个“力”即指送礼人。当时世俗称卖劳力的人甚至称为“苦力”，文书上即写一“力”字。联想到帖中的“力”字，应该即指送信人。又按古代旅行，走到某处停下来，称为“次”，表示旅程的段落。杜甫诗有“行次昭陵”一首，即是“行到昭陵”。那么“不次”当是不能停留，需要赶快回去，所以王羲之写这短札作答复。

再看“未果”，当然是未能达到目的，未能实践约会一类事情的用语，事未实现，自然心怀不畅，那么“结”字应是指心情郁结。这样联系的解析，大致可能差不多了。只是对方究竟要约王羲之做什么？就无从猜测了。

又有传为王献之写的《中秋帖》墨迹，在清代曾被列入“三希”的第二件。帖文是：

> 中秋不复不得相还为即甚省如何，然胜人何，庆等大军……（勉强句逗，仍不解其意。）

这段话，从来没见有人给它点出句逗，也就无论读懂语义了。按宋代米芾得到晋代谢安、王羲之、王献之的手札各一件，是真原迹，不是向拓（用蜡纸勾摹）的，因题他的书室为“宝晋斋”，又曾把这些字迹刻石拓，号称《宝晋斋帖》。王献之一帖被称为《十二月割至帖》。原文如下：

> 十二月割至不，中秋不后（或释“复”）不得相未复还恸深反即甚省如何，然胜人何，庆等大军……

这帖既经米芾鉴定不是勾摹本，也没说过帖有残损情况，但语义仍然无法解释。拿这帖的拓本和《中秋帖》相比较，非常明显，《中秋帖》实是米芾自己摘临这帖中的字。为什么摘临？大约米氏也不全懂帖文吧。

摹刻古代法书，常只保留完整的字，删去有残缺的字。例如宋代《淳化阁帖》卷九有王献之《廿九日帖》。有一句“遂不奉恨深”，非常奇怪。按书面语词，有“奉呈”、“奉赠”、“奉祝”、“奉贺”一类的“敬语”，却没见过“奉打”、“奉骂”、“奉仇”、“奉怨”一类反面词汇的。那么，“遂不奉恨深”究竟怎讲？后来看到《万岁通天帖》卷中有唐人摹拓这一帖，原来“奉”字下有“别怅”二字，但这二字残缺了右半，只剩下“另”、“忄”两个左旁半字。淳化刻帖时，便删去两个残字，把“奉”字和“恨”字接连在一处，便成了这等怪话。宋代法帖中摹刻二王的书札最多，有很多词句难懂处，其中当然有书家自己的暗语，或习用的省略俗语不易解释。此外，还有删除残字以致词句难通处，这里的“奉恨”即是一证。

又《阁帖》卷三王洽《不孝帖》有一句云：“备口婴荼毒”，“备”下有草书一字，字体既不一致，语气亦不连贯（有人释为“豫”字，也并不像）。后见唐摹王羲之《丧乱帖》中有南朝姚怀珍鉴定押字，“珍”字草书正与王洽帖中不可识的字相同，才得知原是帖中行间姚怀珍的押字，误被摹帖人认为句旁边添加的字，便摹入句中。这与前边删去残字的“奉恨”恰相对照。从这类例证，可知古代法帖中晋人书札多难句逗的缘故之一了。

前面谈了清代尊为“三希”的《快雪》、《中秋》两帖，还有第三“希”的王珣《伯远帖》。这帖确非勾摹，也没有残损的字，而且字句连贯，只是有些词句偏于古雅，字迹有些潦草处，读起来也颇费推敲。现在也试作句逗，就正于鉴赏方家。帖云：

珣顿首顿首：伯远（人名）胜业情期，群从之宝（此字潦草），自以羸患，志在优游，始获此出，意不剋（克）申。分（此字微残）别如昨，永为畴（此字潦草）古。远隔岭峤，不相瞻临。（此帖尾原已不全。）

按伯远不知是否王珣的弟兄，“群从”也可能指伯远的弟兄，他在弟兄之间特别优秀。“此出”不知是说王珣远游，还是伯远外出。“分别”当然是王珣与伯远分别，“畴古”，如云“古昔”，说伯远作了古人。当时的语言环境，我们无法了解，所以只能看帖文表面大意了。

二〇〇〇年三月

《兰亭帖》考

东晋永和九年（公元三五三年）三月三日，大文学家、大书家王羲之和他的朋友、子弟们在山阴（今绍兴县）的兰亭举行一次“修禊”盛会，大家当场赋诗，王羲之作了一篇序，即是著名的《兰亭序》。这篇文章，历代传诵，成为名篇。王羲之当日所写的底稿，书法精美，即是著名的《兰亭帖》，又是书法史上的一件名作。原迹已给唐太宗殉了葬，现存的重要复制品有两类：一是宋代定武地方出现的石刻本；一是唐代摹写本。

宋代有许多人对于《兰亭帖》的复制作者提出种种揣测，对于定武石刻本的真伪也纷纷辩论。到了清末，有人索性认为文和字都不是王羲之的作品。

这篇《〈兰亭帖〉考》是试图把一些旧说加以整理归纳，并对存在的问题进行一些分析，然后从现存的唐代摹本上考察原迹的真面目，以备读文章和学书法者作研究参考的资料。不够成熟，希望获得指正。

一

论真行书法，以王羲之为祖师，《兰亭序》又是王羲之生平的杰作，自南朝以来，久已成为法书的冠冕。这个帖的流传过程中，曾伴有种种传说，而今世最流行的概念，大略如下：唐太宗遣萧翼从僧辩才赚得真迹，当时摹拓临写的人，有欧阳询和褚遂良。欧临得真，遂以上石，世称定武本，算作正宗；褚临多参己意，算作别派。这种观念，流行数百年，几成固定的历史常识。但一经钩核诸说，比观众本，则千头万绪，不可究诘，而上述的观点，殊属无稽。如细节详校来谈，非数十万字不能尽，兹姑举要点来论，论点相同的材料，仅举其一例。

甲、唐太宗获得前的流传经过：①原在梁御府，经乱流出，为僧智永所得，又入陈御府。隋平陈，归晋王（炀帝），僧智果从王借拓不还，传给他的弟子辩才（见唐刘餗《隋唐嘉话》卷下）。②真迹在王氏家，传王羲之七代孙僧智永，智永传他的弟子僧辩才（见唐张彦远《法书要录》卷三载唐何延之《兰亭记》）。③“元草为隋末时五羊一僧所藏”（宋俞松《兰亭续考》卷一引宋郑价跋。《兰亭续考》以下简称《俞续考》）。

乙、唐太宗赚取的经过：①“太宗为秦王日……使萧翊就越州求得之。”（《隋唐嘉话》卷下）②唐太宗遣御史萧翼伪装商客，与辩才往还，乘隙窃去（见《兰亭记》，赵彦卫《云麓漫钞》卷六引《唐野史》事略同）。③“武德四年欧阳询就越州访求得之，始入秦王府。”（宋钱易《南部新书》卷四）

丙、隋唐时的摹拓临写：按双钩廓填叫做响拓，罩纸影写叫做摹，面对真迹仿写叫做临，其义原不相同。而古代文献，对于《兰亭帖》的摹本，三样常自混淆，现在也各从原文，合并举之。①智果有拓本（见《隋唐嘉话》卷下）。②赵模等四人有拓本。何延之云：“太宗命供奉拓书人赵模、韩道政、冯承素、诸葛贞等四人各拓数本。”（《兰亭记》）③褚遂良有临写本。张彦远云：“贞观年，河南公褚遂良中禁西堂临写之际便录出。”（《法书要录》卷三载褚遂良《王羲之书目》后跋，“录出”者，指羲之各帖之文，其中有《兰亭序》）④唐翰林书人刘秦妹临本。窦云：“兰亭貌夺真迹。”（《法书要录》卷六载《述书赋》卷下）⑤麻道嵩有拓本。钱易云：“麻道嵩奉教拓二本……嵩私拓一本。”（《南部新书》卷四）⑥汤普彻等有拓本。武平一云：“（太宗）尝令汤普彻等拓《兰亭》赐梁公房玄龄已下八人。”（《法书要录》卷三载唐武平一《徐氏法书记》）⑦欧、虞、褚有临拓本。何延之云：“欧、虞、褚诸公皆临拓相尚。”（《兰亭记》）⑧陆柬之有临拓本。李之仪云：“一时书如欧、虞、褚、陆辈，人皆临拓相同。”（宋桑世昌《兰亭考》卷五引宋李之仪跋，按“陆”指陆柬之。桑世昌《兰亭考》以下简称《桑考》）⑨智永有临本。吴说云：“《兰亭修禊前叙》，世传隋僧智永临写、后叙唐僧怀仁素麻笺所书，凡成一轴。”（《桑考》卷五引宋吴说跋）王承规有模本。米友仁云：“汪氏所藏《三米兰亭》……殆王承规模也。”（《桑考》卷五引宋米友仁跋）另有太平公主借拓之说，乃是误传，不具列[①]。后世仿习临摹和辗转传损的，也不详举。

---

①关于借拓之说，《唐会要》卷三十五：“《兰亭》一本，相传云将入昭陵。又一本长安神龙之际，太平安乐公主奏借出入（外）拓写，因此遂失所在。”宋董逌《广川书跋》卷六云：“《兰亭序》在唐贞观中旧有二本，其一入昭陵，其一当神龙中，太平公主借出拓摹，遂亡。”按太平公主借拓的事，见韦述所记，《会要》及董逌所谓又一本的，大概是另一个摹本，或是由于误读韦述的话。《法书要录》卷四载唐韦述《叙书录》云：“自太宗贞观中，搜访王右军等真迹……凡得真行二百九十纸，装为七十卷，草书二千纸，装为八十卷……其后《兰亭》一时相传云将入昭陵玄宫。长安神龙之际，太平安乐公主奏借出外拓写《乐毅论》，因此遂失所在。”盖真行七十卷，草书八十卷，是总述全数。其后拈出二种：一时相传将入昭陵的，是《兰亭》帖；奏借出外拓写而失的，是《乐毅论》。俱因其亡失而特加记述的。

以上甲、乙、丙三项中多属得自传说和揣度意必之论，并列出来，以见他们的矛盾分歧。宋以后人的话，更无足举了。

丁、隋唐刻本：① 智永临写刻石本。《桑考》云：“隋僧智永亦临写刻石，间以章草，虽功用不伦，粗仿佛其势，本亦稀绝。”（《桑考》卷五，未注出处。又卷七引宋蔡安强跋谓智永本为贞观中摹刻）② 唐勒石本。《桑考》云：“天禧中，相国僧元霭曾进唐勒石本一卷，卷尾文皇署“勅”字，傍勒“僧权”二字，体法既臻，镌刻尤工。”（《桑考》卷五，未注出处）③ 唐刻版本。米芾云：“泗州山南杜氏……收唐刻板本《兰亭》。”（《桑考》卷五引宋米芾跋）④ 褚庭诲临本。黄庭坚云：“褚庭诲所临极肥，而洛阳张景元劚地得阙石极瘦，定武本则肥不剩肉，瘦不露骨，犹可想见其风。三石刻皆有佳处。”（《桑考》卷六引宋黄庭坚跋）这都是宋人所指为隋唐刻本的，并未注明根据，大概也多意必之见。至于后世辗转摹刻，或追加古人题署，或全出伪造的，更无足述。而所谓开皇本的，实在也属这类东西，所以不举。

戊、定武本问题：定武石刻，宋人说的极多，细节互有出入，其大略如下。石晋末，契丹自中原辇石北去，流落于定州，宋庆历中被李学究得到。李死后，被州帅得着，留在官库里。熙宁中薛向帅定州，他的儿子薛绍彭翻刻一本，换去原石。大观中，原石自薛家进入御府（《桑考》卷三引宋赵栓、荣芑、何薳等跋，卷六引宋沈揆、洪迈等跋）。

这块石刻，宋人认为是唐代所刻，赵栓云："此文自唐明皇（《桑考》云："是'文皇'之误"）得真迹，刻之学士院。"（《桑考》卷三引赵栓定武本）周勋引《墨薮》云："唐太宗得右军《兰亭叙》真迹，使赵模拓，以十本赐方镇，唯定武用玉石刻之。文宗朝舒元舆作《牡丹赋》刻之碑阴。事见《墨薮》，世号定武本。"（《桑考》卷六引宋周勋跋。功按"明皇"为"文皇"之误，已见赵栓跋，显宗当即玄宗，宋人讳玄所改者。）

定武石刻出自何人摹勒，约有以下种种说法：①出于赵模（见周勋跋）。②出于王承规（见郑价跋）。③出于欧阳询。李之仪云："兰亭石刻，流传最多，尝有类今所传者，参订独定州本为佳，似是以当时所临本模勒，其位置近类欧阳询，疑是询笔。"（《桑考》卷五引李之仪跋）又楼钥云："今世以定武本为第一，又出欧阳率更所临。"（《桑考》卷五宋楼钥跋）又何薳云："唐太宗诏供奉临《兰亭序》，惟率更令欧阳询所拓本夺真，勒石留之禁中，他本付之于外，一时贵尚，争相打拓，禁中石本，人不可得，石独完善。”（宋曾宏父《石刻铺叙》卷下引何子楚跋，子楚，薳之字）④出于褚遂良。米友仁云：“昨见一本于苏国老家，后有褚遂良检校字，世传石刻，诸好事家极多，悉以定本为冠，此盖是也。”（《桑考》卷五引宋米友仁跋）又宋唐卿云：“唐贞观中……诏内供奉摹写赐功臣，时褚遂良在定武，再模于石。”（《俞续考》卷一引宋唐卿跋）⑤出于智永。荣芑云：“定武《兰亭叙》，凡三本，其一李学究本，传为陈僧法极字智永所模。”（《桑考》卷七引荣芑跋）⑥出于怀仁。米友仁云：“定本，怀仁模思差拙。”（《桑考》卷五引米友仁跋）

从以上诸说看来，定武本是何人所模，也矛盾纷歧，莫衷一是，所谓某人临摹，某人勒石，同是臆测罢了。

定武石本，宋人已有翻刻伪造的，它的真伪的区别，自宋人到清翁方纲的《苏米斋兰亭考》，辨析已详，现在不加重述。而历代翻刻定武本，复杂支离，不可究诘，现也不论。

已、褚临本问题：《兰亭》隋唐摹拓临写的各种传说，已如上述，综而观之，不下十余人。北宋时，指唐摹本为褚笔之说，流行渐多。米芾对于刻本，很少提到定武本，对于摹本，常题为褚笔。例如他对于王文惠本，非常郑重地题称：“有唐中书令河南公褚遂良，字登善，临晋右将军王羲之《兰亭宴集序》。”好似有十足的根据似的。但那帖上原无褚款，所据只在笔有褚法就完了。他说：“浪字无异于书名。”（见《宝晋英光集》卷七）浪字书名，是指“良”字。当时好事者也多喜好寻求褚摹，米芾又有诗句云：“彦远记模不记褚，《要录》班班记名氏。后生有得苦求奇，寻购褚模惊一世。寄言好事但赏佳，俗说纷纷哪有是。”（见《宝晋英光集》卷三）则又否定了褚摹之说，米氏多故弄狡狯，不足深辨。但从这里可见当时以无名摹本为褚笔，已成为一种风气了。

自此以后，凡定武本之外唐摹各本，逐渐地聚集而归列褚遂良一人名下。至翁方纲《苏米斋兰亭考》（以下简称《翁考》）卷二《神龙兰亭考》说：“乃若就今所行褚临本言之，则此所号称神龙本者，尚是褚临之可信者矣。何以言之？计今日所称褚临本，曰神龙本，曰苏太简本，曰张金界奴本，曰颍上本，曰郁冈斋、知止阁、快雪堂、海宁陈氏家所刻领字从山本，皆云褚临之支系也。”又说：“要以定武为欧临本，神龙为褚临本，自是确不可易之说。”功按化零为整，这时总算到了极端。欧、褚这两个偶像，虽然早已塑成，但是“同龛香火”，至此才算是“功德圆满”！

综观以上资料，我们得知，围绕《兰亭》一帖，流行若干故事传说，而定武一石，至宋又成为《兰亭》帖的定型，自宋人至翁方纲，辨析点画，细到毫芒，而搜集拓本的，动辄至百数十种。但是一经钩稽，便看到矛盾百出。到了清末李文田氏，便连这篇序文和这帖上的字，都提出了怀疑，原因与这有一定的关系。现在剥去种种可疑的说法和明显附会无关重要的事，概括地说来，大略如下：

王羲之书《兰亭宴集诗序》草稿，唐初进入御府，有许多书手进行拓摹临写。后来真迹殉葬昭陵，世间只流传摹临之本。北宋时发现一个石刻本在定武，摹刻较当时所见的其他刻本为精，就被当时的文人所宝惜，而唐代摹临之本，也和定武石刻本并行于世。定武本由于屡经捶拓的缘故，笔锋渐秃，字形也近于板重；而摹临的墨迹本，笔锋转折，表现较易，字形较定武石刻近于流动；后人揣度，便以定武石刻为欧临，其他为褚临，《兰亭》的情况，如此而已。

我又曾疑宋代所传唐人钩摹墨迹本，自然比今天所存的要多得多，以传真而言，摹本也容易胜过石刻，何以诸家聚讼，单独在定武一石呢？岂是这一石刻果然超过一切摹本吗？后来考察，唐人摹本中的上品，宋人本来也都宝重，但唐摹各本中，亦有精粗之别。即看《桑考》所记，知道粗摹墨迹本有时还不如精刻石本，并且摹本数量又少，而定武摹刻精工，又胜过当时流传的其他的刻本，再说拓本等于印刷品，流传也容易广泛，能够满足学者的需求，这大概也是定武本所以声誉独高的缘故吧！

现在唐摹墨迹本和定武原石本还有保存下来的，而影印既精，毫芒可鉴，比较观察，又见宋人论述所未及的几项问题，以材料论，古代所存固然比今天的多，但以校核考订的条件论，则今天的方便，实远胜于古代，《兰亭》的聚讼，结案或将不远了。

二

清末顺德李文田氏对于《兰亭》的文章和字迹，都提出怀疑的意见，见于所跋汪中旧藏定武本[①]之后，跋云：

> 唐人称《兰亭》，自刘餗《隋唐嘉话》始矣。嗣此何延之撰《兰亭记》，述萧翼赚《兰亭》事如目睹，今此记在《太平广记》中。第鄙意以为定武石刻未必晋人书，以今见晋碑，皆未能有此一种笔意，此南朝梁、陈以

---

① 汪中藏的定武本实是宋人翻刻的。有文明书局影印本。

后之迹也。按《世说新语·企羡篇》刘孝标注引王右军此文，称曰《临河序》，今无其题目，则唐以后所见之《兰亭》，非梁以前《兰亭》也。可疑一也。

《世说》云：人以右军《兰亭》拟石季伦《金谷》，右军甚有欣色，是序文本拟《金谷序》也。今考《金谷序》文甚短，与《世说》注所引《临河序》篇幅相应，而定武本自“夫人之相与”以下多无数字，此必隋唐间人知晋人喜述老庄而妄增之，不知其与《金谷序》不相合，可疑二也。

即谓《世说》注所引或经删节，原不能比照右军文集之详，然“录其所述”之下，《世说》注多四十二字，注家有删节右军文集之理，无增添右军文集之理，此又其与右军本集不相应之一确证也。可疑三也。

有此三疑，则梁以前之《兰亭》与唐以后之《兰亭》，文尚难信，何有于字。且古称右军善书，曰“龙跳天门，虎卧凤阙”，曰“银钩铁画”。故世无右军之书则已，苟或有之，必其与《爨宝子》、《爨龙颜》相近而后可，以东晋前书与汉魏隶书相似，时代为之，不得作梁、陈以后体也。

功按，这派怀疑之论，在清末影响很广，因为当时汉、晋和北朝碑版的发现，一天天地多起来，而古代简牍墨迹的发现还少，谈金石的，常据碑版的字怀疑行草各帖的字，各帖里固然并非绝无伪托的，况且翻刻失真的也很多，但不能执其一端，便一概怀疑所有各帖。现在先从《世说》注文说起。

《世说新语·企羡篇》一条云：

王右军得人以《兰亭集序》方《金谷诗序》，又以己敌石崇，甚有欣色。

刘峻注云：

王羲之《临河叙》曰：永和九年，岁在癸丑，暮春之初，会于会稽山阴之兰亭，修禊事也。群贤毕至，少长咸集。此地有崇山峻岭，茂林修竹。又有清流激湍，映带左右，引以为流觞曲水，列坐其次。是日也，天朗气清，惠风和畅，娱目骋怀，信可乐也。故列序时人，录其所述。右将军司马太原孙承公等二十六人，赋诗如左，前余姚令会稽谢胜等十五人，不能赋诗，罚酒各三斗。

今传《兰亭帖》二十八行，三百余字，乃王羲之的草稿，草稿未必先写题目，这是常事，也是常识。况且《世说》本文称之为《兰亭集序》，注文称之为《临河叙》，已自不同，能够说刘义庆和刘峻所见的本子不同吗？

至于当时人用它比方《金谷序》的原因，必有根据的条件，《世说》略而未详。但绝不见得只是以字数相近，便足使右军“甚有欣色”。譬如今天说某人可比诸葛亮，理由是因为他体重若干斤、衣服若干尺和诸葛亮有相同处，岂不是笑话！《世说》曰“人”曰“方”是别人的品评比况。李跋改“方”为“拟”，以为右军撰文，本来即欲模拟《金谷序》，真可以说差之毫厘谬以千里了。且诗文草创，常非一次而成，草稿每有第一稿、第二稿以至若干次稿的分别。古人文集中所载，与草稿不相应和墨迹或石刻不相应的极多。且注家有对于引文删节的，也有节取他文或自加按语补充说明的。以当时的右军文集言，序后附录诸诗，诗前有说明的话四十二字，抑或有之，刘注多这四十二字，原不奇怪。何况右军文集《隋志》著录是九卷，今本只二卷，可见亡佚很多，刘峻所见的本子有这四十多字，极属可能。又汇录《兰亭诗》多有传本，俱注明某某若干人成诗若干首，某某若干人诗不成，罚酒若干。刘注或据此等传本而综括记述，也很可能。总之序文草稿（《兰亭帖》）对于全部修禊盛会的文件，仅仅是一部分，今本文集又不是全豹，注家又常有删有补，在这三种情况下来比较它的异同，兰亭帖和《世说》注的不相应，自是必然的事。抓住这一种现象来怀疑《兰亭序》文章草稿，在逻辑上，殊难成立。

以上是本证。再看旁证：三代吉金，一人同作数器，或一器底盖同有铭文，其文互有同异的很多；韩愈的文章，集本与石刻不同的也很多；欧阳修《集古录》，集本与墨迹本不同也很多，并且今天所见墨迹各篇俱无篇题；苏轼《定惠院寓居月夜偶出》诗二首，流传有草稿本，前无题目，第二首末较集中亦少二句，盖非最后的定稿。翁方纲曾考之，见《复初斋文集》卷二十九，这都是金石家、文学家所习知的事，博学的李文田氏，何至不解此例？于是再读李跋，见末记此为浙江试竣北还时所书。因忆当日科学考试，虽草稿也必须写题目，稿文必与誊正相应，否则以违式论，甚至科以舞弊的罪名。我才恍然明白李氏这时的头脑中，正纠缠于这类科场条例，并且还要拿来发落王右军罢了！

至于书法，简札和碑版，各有其体。正像同在一个碑上，碑额与碑文字体也常有分别，因为它们的作用不同。并且同属晋代碑版，也不全作《二爨》的字体。如果必方整才算银钩铁画，那么周秦金石、汉魏碑版俱不相副，因为它们还有圆转的地方。不得已，只有所谓欧体宋板书和宋体铅字，才合李氏的标准。且今西陲陆续发现汉晋简牍墨迹，其中晋人简牍，行草为多，就是真书，也与碑版异势，并且也不作《二爨》之体，越发可以证明，其用不同，体即有别。且出土简牍中，行书体格，与《兰亭》一路有极相近的，而笔法结字的美观，却多不如《兰亭》，才知道王羲之所以独出作祖的缘故，正是因为他的真、行、草书，变化多方，或刚或柔，各适其宜。简单地说，即是在当时书法中，革新美化，有开创之功而已。后来“崇古”的人，常常以“古”为“美”，认为风格质朴的高于姿态华丽的，这是偏见，已不待言。而韩愈诗说：“羲之俗书趁姿媚。”虽然意在讽讥。却实在说出了真相，如果韩愈和王羲之同时，而当面说出这话，恐怕王羲之正要引为知己的。

李跋称何延之记“事如目睹”，并且特别提出它收于《太平广记》中，意谓这篇《兰亭记》是小说家言，不足为据，遂并疑《兰亭帖》为伪。不知小说即使增饰故实，和《兰亭帖》的真伪是无关的。正如同不能因为疑虬髯客、霍小玉的事情是否史实，便说唐太宗、李益并无其人。

三

世传《兰亭帖》摹本刻本，多如牛毛，大约说来，不出五类：① 唐人摹拓本。意在存真，具有复制原本的作用。② 前人临写本。出于临写，字形行款相同，而细节不求一一吻合。③ 定武石刻本。④ 传刻本。传刻唐摹或复刻定武，意在复制传播，非同蓄意作伪。⑤ 伪造本。随便拼凑，妄加古人题署，或翻刻，或临拓，任意标题，源流无可据，笔法无足取，百怪千奇，指不胜屈，更无足论了！

功见闻寡陋，所见的《兰亭》尚不下百数十种，足见传本之多。现就所见的几件真定武本和唐临、唐摹本，略记梗概于后。

（一）定武本

甲、柯九思本

故宫藏，曾见原卷。五字已损，纸多磨伤，字口较模糊。隔水有康里巎巎、虞集题记，后有王黼、忠侯之系、公达、鲜于枢、赵孟頫、黄石翁、袁桷、邓文原、王文治诸跋。有影印本。

乙、独孤本

原装册页，经火烧存残片若干，今已流入日本。我见到西充白氏影印本。这帖五字已损，赵孟頫得于僧独孤长老的。帖存三片，字口亦较模糊。后有吴说、朱敦儒、鲜于枢、钱选跋，赵孟頫十三跋并临《兰亭》一本，又柯九思、翁方纲、成亲王、荣郡王诸家跋。册中时有小字注释藏印之文，乃黄钺所写。

丙、吴炳本

仁和许乃普氏旧藏，今已流入日本。我见到影印本。五字未损，拓墨稍重，时侵字口，还有后人涂墨的地方（如“悲也”改“悲夫”字，“也”字的钩；“斯作”改“斯文”，“作”字痕迹俱涂失）。后有宋人学黄庭坚笔体的录李后主评语一段，又有王容、吴炳、危素、熊梦祥、张绅、倪瓒、王彝、张适、沈周、王文治、英和、姚元之、崇恩、吴郁生、陈景陶、褚德彝诸跋。

其他如真落水本确闻还在某藏家手中，惜不详何人何地。文明书局影印一落水本，是裴景福氏所藏，本帖、题跋、藏印，完全是假的（其他伪本极多，不再详辨。这本名气甚大，故特提出）。

（二）唐临本

甲、黄绢本

高士奇、梁章钜旧藏，今已流入日本。我见到影印本。其帖绢本，“领”字上加“山”字，笔画较丰腴，有唐人风格而不甚精彩，字形不拘成式[①]（如“群”字权脚之类），是临写的，非摹拓的。后有米芾跋，称为王文惠故物。首曰“右唐中书令河南公”云云，末曰“壬年八月廿六日宝晋斋舫手装”。款曰“襄阳米芾审定真迹秘玩”。再后有莫云卿、王世贞、周天球、文嘉、俞允文、徐益孙、王穉登、沈威、翁方纲、梁章钜等跋。

故宫藏宋游似所题宋拓褚临《兰亭》卷，经明晋府、清卞永誉、安岐递藏。原帖后连米跋，即是此段。但《兰亭》正文与此黄绢本不同。且“领”字并不从“山”。装潢隔水纸上有游似跋尾墨迹，云：“右褚河南所摹与丙袟第三同，但工有功拙，远过前本尔。”下押“景仁”印，又有“赵氏孟林”印。可知黄绢之卷，殆后人凑配所成。不是米跋的那件原物。

---

① 定武程式中尚有“崇”字“山”下三点一事，按各摹临本“崇”字“山”下只有一横，并无一本作三点的，可知定武“山”下的左二点俱是泐痕。

乙、张金界奴[1]本

故宫藏，曾屡观原卷。《戏鸿堂》、《秋碧堂》等帖曾刻之。乾隆时刻《兰亭八柱帖》，列此为第一柱。原卷白麻纸本，墨色晦暗，笔势时见钝滞的地方，大略近于定武本，细节如“群”脚杈笔等，又不尽依成式。帖尾有小字一行曰：“臣张金界奴上进。”后有杨益、宋濂、董其昌、徐尚实、张弼、蒋山卿、杨明时、朱之蕃、王衡、王应侯、杨宛、陈继儒、杨嘉祚诸家跋，前有乾隆题识。董跋云：“似虞永兴所临。”梁清标遂凿实题签曰：“唐虞永兴临《禊帖》。”此后《石渠宝笈》著录和《八柱》刻石，直到故宫影印本，俱标称为虞临了。《翁考》云：“至于颍上、张金界奴诸本，则皆后人稍知书法笔墨者，别自重摹。”其说可算精识。我颇疑它是宋人依定武本临写者。如“激”字，定武本中间从“身”，神龙本从“身”，此本从“身”，亦与定武本同。

丙、褚临本

故宫藏，曾屡观原卷。此帖乾隆时刻入《三希堂帖》，又刻入《兰亭八柱帖》为第二柱。原卷淡黄纸本，前后隔水有旧

---

① 张金界奴，宛平人，张九思之子。元文宗建奎章阁时任为都主管工事，又曾任提调织染杂造人匠，其父子事迹见虞集所撰神通碑。金界奴即如僧家奴之类。王芑孙《题秋碧堂兰亭》曾为详考，见《惕甫未定稿》卷二十五。

题“褚模王羲之《兰亭帖》”一行，帖后有米芾题“永和九年暮春月”七言古诗一首。后有“天圣丙寅年正月二十五日重装”一款，乃苏耆所题，又范仲淹、王尧臣、米黻、刘泾诸家观款（以上五题共在一纸）。再后龚开、朱葵、杨载、白珽、仇几、张泽之、程嗣翁等题（以上各题共纸一段）。再后陈敬宗、卞永誉、卞岩跋。前有乾隆题识。此帖字与米诗笔法相同，纸也一律，实是米氏自临自题的。此诗载《宝晋英光集》卷三，题为“题永徽中所模《兰亭叙》”，未有“彦远记模不记褚”等句，知米芾并不认为这帖是褚临本。后人题为褚本，是并未了解米诗的意思。

《翁考》卷四云：“此一卷乃三事也。其前《兰亭帖》及米元章七言诗为一事，此则米老自临《褚兰亭》，而自题诗于后。虽其帖前有苏氏印，然亦不能专据矣。此自为一事也。其中间天圣丙寅苏耆一题及范、王、米、刘四段，此五题自为一事，是乃真苏太简家《兰亭》之原跋也。至其后龚开等跋以后又为一事，则不知某家所藏《兰亭帖》之后尾也。”翁氏剖析，可称允当。他所见的是一个油素钩本，参以安岐《书画记》所记的。今谛观原卷，帖前“太简”一印，四边纸缝掀起，盖后人将原纸挖一小洞，别剪这印，衬入贴补。年久糊脱，渐致掀起。曾见古书画中常有名人收藏印甚至作者名号印都是挖嵌的，就在影印本里也可以看出。这都是古董家作伪伎俩。至于《兰亭帖》中“怏然”作“快（快慢之“快”）然”，米诗中“昭陵”作“昭凌”（从两点水旁），都分明是误字[1]，或者是米迹的重摹本。

其他宋代摹刻唐人临摹（或称褚临、褚摹）的《兰亭帖》，也有时见到善本，但流传未广，不再记述。至于明清汇帖中摹刻《兰亭》的更多，也不复一一详论。颍上本名虽较高，实亦唐临本中粗率一路的，《翁考》中已先论及了。

（三）唐摹本

所谓摹拓的，是以传真为目的。必要点画位置、笔法使转以及墨色浓淡、破锋贼毫，一一具备，像唐摹《万岁通天帖》那样，才算精工。今存《兰亭帖》唐摹诸本中，只有神龙半印本足以当得起。

神龙本，故宫藏，曾屡观原卷。白麻纸本，前隔水有旧题“唐模《兰亭》”四字，郭天锡跋说这帖定是冯承素等

---

①“怏然自足”的“怏”字，《晋书·王羲之传》已作快慢的“快”，但帖本无论墨迹或石刻，俱作从中央之“央”的“怏”，知《晋书》是传写或版本有误的。

所摹，项元汴便凿实以为冯临，《石渠宝笈》、《三希堂帖》、《兰亭八柱》第三柱，俱相沿称为冯临。帖的前后纸边处各有“神龙”二字小印之半。又有“副骓书府”印（这是南宋末驸马杨镇的藏印）。后有许将至石苍舒等观款八段；再后永阳清叟、赵孟頫题；郭天锡跋赞；鲜于枢题诗；邓文原、吴炳、王守诚、李廷相、文嘉、项元汴跋。前有乾隆题识。

这帖的笔法秾纤得体，流美甜润，迥非其他诸本所能及。破锋和剥落的痕迹，俱忠实地摹出。有破锋的是：“岁”、“群”、“毕”、“觞”、“静”、“同”、“然”、“不”、“矣”、“死”各字；有剥痕成断笔的是：“足”、“仰”（此字并有针孔形）、“游”、“可”、“兴”、“揽”各字；有贼毫的是“暂”字；而“每揽”的“每”字中间一横划，与前各字同用重墨，再用淡墨写其余各笔。原来原迹为“一揽昔人兴感之由，若合一契”，后改“一揽”为“每揽”。这是从来讲《兰亭帖》的人都没有见到的。

并且这“每”字在行中距其上的“哉”及其下的“揽”字，俱甚逼仄，这是因为原为“一”字，其空间自窄。定武本则上下从容，不见逼仄的现象。可知定武不但加了直栏，即行中各字距离亦俱调整匀净了。若非见唐摹善本，此秘何从得见！（影印本墨色俱重，改迹已不能见）唯怀仁《圣教序》中“间”字、“迹”字，俱集自《兰亭》，而俱有破锋，神龙本中却没有，可知神龙本也还不是毫无遗漏的。

这一卷的行款，前四行间隔颇疏，中幅稍匀，末五行最密，但是帖尾本来并非没有余纸，可知不是因为摹写所用的纸短，而是王羲之的原稿纸短，近边处表现了挤写的形状。又摹纸二幅，也是至“欣”字合缝，这可见不但笔法存原形，并且行式也保存了起草的常态。若定武本界画条格，四平八稳，则这种情状，不复能见了。至于蚕纸原迹的样子，今已不可得见，摹拓本哪个最为得真，也无从比较，但是从摹本的忠实程度方面来看，神龙本既然这样精密，可知它距离原本当不甚远。郭天锡以为定是于《兰亭》真迹上双钩所摹，实不是驾空之谈，情理俱在，真是有目共睹的。自世人以定武本为《兰亭》标准的观念既成之后，凡定武所未能传出的笔法细节，都以为是褚临失真所致。今观“每”字的改笔，即属定武本所无，而不能说是褚临所改的，那些成见，可以不攻自破了。

这一卷明代藏于乌镇王济家，四明丰坊从王家钩摹，使章正甫刻石于乌镇，见文嘉跋中（卷中有“吴兴”及“王济赏鉴过物”诸印）。其石后归四明天一阁，近代尚存，拓本流传甚多，当是丰氏携归故乡的。摹刻很精，但附加了“贞观”、“开元”、“褚氏”、“米芾”等许多古印，行式又调剂停匀，俱是美中不足。《翁考》纠缠于《兰亭》流传及太平公主借拓诸问题，至以翻本《星凤楼帖》所刻无印章的神龙本为正，都是由于丰氏这一刻本妆点伪印所误。今见原卷，丰氏的秘密才被揭穿（翁方纲之说又见《涉闻梓旧》所刻《苏斋题跋》卷下，他说翻本《星凤楼帖》的无印神龙本圆润在范氏石本之上，这是因翻本笔锋已秃，遂似圆润，比观自可见）。这卷由王氏归项元汴家，项氏之子德弘曾刻石，见朱彝尊跋（《曝书亭集》卷四十六）。未见拓本。

文嘉跋中，更推重荆溪吴氏所藏唐摹本，其帖有苏易简题“有若像夫子”一诗，并宋人诸跋，清初吴升尚见到，载在《大观录》。是明清尚存，并且确知是一个善本，可与神龙本并论的，不知原帖今天是否尚在人间？倘得汇合而比校，则《兰亭帖》的问题或者可以没有余蕴了。

旧题张旭草书古诗帖辨

法书名画，既具有史料价值，更具有艺术价值。由于受人喜爱，可供玩赏，被列入“古玩”项目，又成了“可居”的“奇货”。在旧社会中，上自帝王，下至商贾，为它都曾巧取豪夺，弄虚作假。于是出现过许多离奇可笑的情节，卑鄙可耻的行径。

即以伪造古名家书画一事而言，已经是千变万化，谲诈多端。这里只举一件古代法书的公案谈谈，前人作伪，后人造谣，真可谓“匪夷所思”了！

有一个古代狂草体字卷，是在五色笺纸上写的。五色笺纸，每幅大约平均一尺余，各染红、黄、蓝、绿等等不同的颜色，当然也有白色的。所见到的，早自唐朝，近至清朝的“高丽笺”，都有这类制法的。这个卷子即是用几幅这种各色纸接连而成的。写的是庾信的诗二首和谢灵运的赞二首。原来还有唐人绝句二首，今已不存。也不晓得原来全卷共用了多少幅纸，共写了多少首诗，也没保留下写者的姓名。

卷中用的字体是“狂草”，十分纠绕，猛然看去，有的字几乎不能辨识，纸色又每幅互不相同，作伪的人就钻了这个空子。

为了便于说明，这里将现存的四幅按本文的顺序和写本的行款，分幅录在下边，并加上标点：

第一幅：东明九芝盖，北
烛五云车。飘
飘入倒景，出没
上烟霞。春泉
下玉霤，青鸟下金
华。汉帝看
桃核，齐侯

第二幅：问棘（枣）花。应逐
上元酒，同来
访蔡家。
北阙临丹水，
南宫生绛云。
龙泥印玉荣（策），
大火铢真文。

上元风雨散，

中天哥（歌）吹分。

虚驾千寻上，

空香万里闻。

谢灵运王

第三幅：子晋赞

淑质非不丽，

难之以百年。

储宫非不贵，

岂若上登天。

王子复清旷，

区中实诽（此字误衍）

赗（嚣）绾。既见浮

丘公，与尔

共纷缁。

第四幅：岩下一老公

四五少年赞：

衡山采药人，

路迷粮亦绝。

回息岩下坐，

正见相对说。

一老四五少，

仙隐不别

可（可别二字误倒）。其书非

世教，其人

必贤哲。

作伪者把上边所录的那第二幅中末一个“王”字改成“书”字。他的办法是把“王”字的第一小横挖掉，于是上边只剩了竖笔，与上文“运”字末笔斜对，便像个草写的“书”字。恰巧这一行是一篇的题目，写得略低一些，更像是一行写者的名款。再把这一幅放在卷末，便成了一卷有“谢灵运书”四字款识的真迹了。

这个“王”字为止的卷子，宋代曾经刻石，明代项元汴跋中说：

余又尝见宋嘉祐年不全拓墨本，亦以为临川内史谢康乐所书。

卷中项跋已失，汪珂玉《珊瑚网》卷一曾录有全文。又丰坊在跋中也说：

右草书诗赞，有宣和钤缝诸印……世有石本，末云“谢灵运书”。《书谱》[1]所载“古诗帖”是也……石刻自“子晋赞”后阙十九行，仅于“谢灵运王”而止，却读“王”为“书”字，又伪作沈传师跋于后。

按现在全文的顺序，“王”字以后还有二十一行，不是十九行，这未必是丰坊计算错误，据项元汴说：

可惜装背错序，细寻绎之，方能成章。

那么丰坊所说的行数，是根据怎样的裱本，已无从查考。只知道现在的这一卷，比北宋石刻本多出若干行。它是怎样分合的？王世贞在《王弇州四部稿》卷一五四《艺苑卮言》中说：

陕西刻谢灵运书，非也，乃中载谢灵运诗耳。内尚有唐人两绝句，亦非全文。真迹在荡口华氏，凡四十年购古迹而始全，以为延津之合。属丰道生鉴定，谓为贺知章，无的

①《书谱》指《宣和书谱》。

据。然道俊之甚，上可以拟知章，下亦不失周越也。

华夏字中甫，号东沙子，是当时有名的“收藏家”，丰坊字道生，号人叔，又称人翁，是当时著名的文人，做过南京吏部考功主事，精于鉴别书画，华家许多古书画，都经过他评定的。从王世贞的话里可以明白，全卷在北宋时拆散，一部分冒充了谢灵运，其余部分零碎流传。华夏费了四十年的工夫，才算凑全，但那两首残缺的唐人绝句，华夏仍然没有买到。不难理解，华夏购买时，仍是谢灵运的名义，买到后丰坊为他鉴定，才提出怀疑的。卖给华夏的人，如果露出那二首唐人绝句，便无法再充谢书，所以始终没有再出现。华夏购得后，王世贞未必再见。至于是否王世贞误认庾谢诸诗为唐人句呢？按卷中现存四首诗，第一首十句，其他三首各八句，并无绝句。又都是全文，并无残缺。王世贞的知识那样广博，也不会把六朝人的一些十句和八句的诗误认为唐人绝句。根据这些理由，可以断定是失去两首残缺的唐人绝句。

这卷草书在北宋刻石之后，曾经宋徽宗赵佶收藏，《宣和书谱》卷十六说：

谢灵运，陈郡阳夏人……今御府所藏草书一：《古诗帖》。

从现存的四幅纸上看，宋徽宗的双龙圆印的左半在“东明”一行的右纸边，知为宣和原装的第一幅。“政和”、“宣和”二印的右半在“共纷缁”一行的左纸边，知为宣和原装的末一幅。可见宣和时所装的一卷已不是以“王”字收尾的了。这可能是宣和有续收的，也可能宣和装裱时次序还没有调整。总之，自北宋嘉祐到明代嘉靖时，都被认为是谢灵运的字迹。

以上是作伪、搞乱、冒充的情况。

下面谈董其昌的鉴定问题。

在这卷中首先看出破绽的是丰坊，他发现了卷中四首诗的来源，他说：

按徐坚《初学记》载二诗二赞，与此卷正合。

又说：

考南北二史，灵运以晋孝武太元十三年生，宋文帝元嘉十年卒。庾信则生于梁武之世，而卒于隋文开皇之初，其距灵运之没，将八十年，岂有谢乃豫写庾诗之理。

当时又有人疑是唐太宗李世民写的，丰坊说：

或疑唐太宗书，亦非也。按徐坚《初学记》……则开元中坚暨韦述等奉诏纂述，其去贞观，又将百年，岂有文皇豫录记中语乎?

这已足够雄辩的了。他还和《初学记》校了异文，只是没谈到“玄水”写作“丹水”的问题而已。

古代诗文书画失名的很多，世人偏好勉强寻求姓名，常常造成凭空臆测。丰坊在这方面也未能例外，他说：

唐人如欧、孙、旭、素，皆不类此，唯贺知章《千文》、《孝经》及“敬和”、“上日”等帖，气势仿佛。知章以草得名……弃官入道，在天宝二年，是时《初学记》已行，疑其雅好神仙，目其书而辄录之也。又周公谨《云烟过眼集》[1]载赵兰坡与懃所藏有知章《古诗

---

① “集”是“录”的误字。

帖》，岂即是欤？

他历举欧阳询、孙过庭、张旭、怀素的书法与此卷相较，最后只觉得贺知章最有可能，恰巧周密的《云烟过眼录》中曾记得有贺知章的《古诗帖》，使他揣测的理由又多了一点。但他的态度不失为存疑的，口气不失为商量的。但“好事家”的收藏目的，并不是为科学研究，而是要标奇炫富。尤其贵远贱近，宁可要古而伪，不肯要近而真。丰坊的揣测，当然不合那个富翁华夏的意图，藏家于是提出并不存在的证据，使得丰坊随即收回了自己的意见，说：

> 然东沙子谓卷有神龙等印甚多，今皆刮灭……抑东沙子以唐初诸印证之，而卷后亦无兰坡、草窗等题识，则余又未敢必其为贺书矣。俟博雅者定之。

这些话虽是为搪塞华夏而说的，但他并没有翻回头来肯定谢书之说。丰坊这篇跋尾自己写了一通，后又有学文徵明字体的人用小楷重录一通，略有删节，末尾题“鄞丰道生撰并书”。

这卷后来归了项元汴，元汴死后传到他的儿子项玄度手里，又请董其昌题，董其昌首先说：

唐张长史书庾开府步虚词，谢客[1]王子晋、衡山老人赞，有悬崖坠石急雨旋风之势，与所书“烟条”、“宛溪诗”同一笔法。颜尚书、藏真[2]皆师之，真名迹也。

这段劈空而来，就认为是张旭所点，随后才举出“烟条”、“宛溪”二帖的笔法相同。但二帖今已失传，从记载上知道，并无名款，前人也只是看笔法像张旭而已。董其昌又说：

自宋以来，皆命之谢客……丰考功、文待诏皆墨池董狐，亦相承袭。

后边在这问题上他又说：

丰人翁乃不深考，而以《宣和书谱》为证。

这真是瞪着眼睛说瞎话！丰坊的跋，两通具在，哪里有他举的这样情形呢？又文徵明为华夏画《真赏斋图》、写《真赏斋赋》和跋《万岁通天帖》时，都已是八十多岁了，书法风格

① “客”是谢灵运的小字。

② 藏真，即怀素。

与这段抄写丰跋的秀嫩一类不同。即使是文徵明的亲笔，他不过是替丰坊抄写，并非他自己写鉴定意见，与“承袭”谢书之说的事无关。董其昌又说：

顾《庾集》自非僻书，谢客能预书庾诗耶？

他只举《庾开府集》，如果不是为泯灭丰坊发现四诗见于《初学记》的功劳，便是他以为《初学记》是僻书了。他还为名款问题掩饰说：

或疑卷尾无长史名款，然唐人书如欧、虞、褚、陆，自碑帖外，都无名款，今《汝南志》、《梦奠帖》等，历历可验。世人收北宋画，政不需名款乃别识也。

按欧阳询、虞世南、褚遂良都有写的碑刻流传，陆柬之就没有碑刻流传下来。陆写的帖，《淳化阁帖》中所刻的和传称陆写的《文赋》、《兰亭诗》，也都无款。“自碑帖外”这四字所指的人，并不能包括陆柬之。他还不敢提出“烟条”二帖为什么便是衡量张旭真迹的标准，而另以其他无款的字画解释，实因这二帖也是仅仅从风格上被判断为张书的。他这样来讲，便连二帖也遮盖过去了。

董其昌又说：

> 夫四声始于沈约，狂草始于伯高，谢客皆未有之。

“始于”不等于“便是”，文字始于仓颉，但不能说凡是字迹都是仓颉写的。沈约撰《宋书》，特别在《谢灵运传》后发了一通议论，大讲浮声切响。可见谢灵运在声调上实是沈约的先导。这篇传后的论，也被萧统选入《文选》，董其昌即使没读过《宋书》，何至连《文选》也没读过？不难理解，他忙于要诬蔑丰坊，急不择言，便连比《庾开府集》更常见、更非僻书的《文选》也忘记了。

董其昌后来在他摹刻出版的《戏鸿堂帖》卷七中刻了这卷草书，后边自跋，再加自我吹嘘说：

> 项玄度出示谢客真迹，余乍展卷即定为张旭。卷末有丰考功跋，持谢书甚坚。余谓玄度曰：四声定于沈约，狂草始于伯高[①]，谢客时都无是也。且东明二诗乃庾开

① 伯高，即张旭。

府《步虚词》，谢客安得预书之乎？玄度曰：此陶弘景所谓元常老骨再蒙荣造者矣。遂为改跋，文繁不具载。

这是节录卷中的跋，又加上项玄度当面捧场的话，以自增重。跋在原卷后，由于收藏家多半秘不示人，见到的人还不多。即使一见，也不容易比较两人的跋语而看出问题。刻在帖上，更由得他随意捏造，观者也无从印证。

宋朝作伪的人，研究“王”字可当“书”字用，究竟还费了许多心；挖去小横，改成草写的“书”字，究竟还费了许多力。在宋代受骗的不过是一个皇帝赵佶，在明代受骗的不过是一个富翁华夏。至于董其昌则不然，不费任何心力，摇笔一题，便能抹杀眼前的事实，欺骗当时和后世亿万的读者。董其昌在书画上曾有他一定的见识，原是不可否认的。但在这卷的问题上，却未免过于卑劣了吧！

有人问，这桩辗转欺骗的公案既已判明，还有这卷字迹本身究竟是什么时候人所写的？算不算张旭真迹？我的回答如下：按古代排列五行方位和颜色，是东方甲乙木，青色；南方丙丁火，赤色；西方庚辛金，白色；北方壬癸水，黑色；中央戊己土，黄色。庾信原句“北阙临玄水，南宫生绛云”，玄即是黑，绛即是红，北方黑水，南方红云，一一相对。宋真宗自称梦见他的始祖名叫“玄朗”，命令天下讳这两字，凡“玄”改为“元”或“真”，“朗”改为“明”，或缺其点画。这事发表在大中祥符五年十月戊午（见宋李攸《宋朝事实》卷七）。所见宋人临文所写，除了按照规定改写之外也有改写其他字的，如绍兴御书院所写《千字文》，改“朗曜”为“晃曜”，即其一例。这里“玄水”写作“丹水”，分明是由于避改，也就不管方位颜色以及南北同红的重复。那么这卷的书写时间，下限不会超过宣和入藏。《宣和书谱》编订的时间，而上限则不会超过大中祥符五年十月戊午。

这卷原本，今藏辽宁省博物馆，已有各种精印本流传于世，董其昌从今也难将一人手，掩盖天下目了！

山水画南北宗说辨

我们绘画发展的历史，现在还只是一堆材料。在没得到科学的整理以前，由于史料的真伪混杂和历代批评家观点不同的议论影响，使得若干史实失掉了它的真相。为了我们的绘画史备妥科学性的材料基础，对于若干具体问题的分析和批判，对于伪史料的廓清，我想都是首先不可少的步骤。在各项伪史料中比较流行久、影响大的，山水画“南北宗”的谬说要算是一个。

这个谬说的捏造者是晚明时的董其昌，他硬把自唐以来的山水画很简单地分成“南”、“北”两个大支派。他不管那些画家创作上的思想、风格、技法和形式是否有那样的关系，便硬把他们说成是在这“南”、“北”两大支派中各有一脉相承的系统，并且抬出唐代的王维和李思训当这“两派”的“祖师”，最后还下了一个“南宗”好、“北宗”不好的结论。

董其昌这一没有科学根据的谰言，由于他的门徒众多，在当时起了直接传播的作用，后世又受了间接的影响。经过三百多年，“南宗”、“北宗”已经成了一个“口头禅”。固然，已成习惯的一个名词，未尝不可以作为一个符号来代表一种内容，但是不足以包括内容的符号，还是不正确的啊！这个“南北宗”的谬说，在近三十几年来，虽然有人提出过考订，揭穿它的谬误[1]，但究竟不如它流行的时间长、方面广、进度深，因此，在今天还不时地看见或听到它在创作方面和批评方面起着至少是被借作不恰当的符号作用，更不用说仍然受它蒙蔽而相信其内容的了。所以这件“公案”到现在还足有重新提出批判的必要。

一　“南北宗”说的谬误

“南北宗”说是什么内容呢？董其昌说：

禅家有南北二宗，唐时始分；画之南北宗，亦唐时分

---

①滕固《唐宋绘画史》、《关于院体画和文人画之史的考察》，童书业《山水画南北分宗辨伪》、《山水画南北宗说新考》，拙著《山水画南北宗说考》（即本篇的初稿）都曾较详地讨论过，也都有不够的地方。

也。但其人非南北耳。北宗则李思训父子（思训、昭道）著色山水，流传而为宋之赵干、（赵）伯驹、（赵）伯骕，以至马（远）、夏（珪）辈；南宗则王摩诘（维）始用渲淡，一变钩斫之法，其传为张璪、荆（浩）、关（仝）、郭忠恕、董（源）、巨（然）、米家父子（芾、友仁），以至元之四大家。亦如六祖（慧能）之后有马驹、云门、临济儿孙之盛，而北宗（神秀一派）微矣。要之摩诘，所谓“云峰石迹，迥出天机，笔思纵横，参乎造化”者。东坡赞吴道子、王维画壁亦云：“吾于维也无间然。”知言哉！

这段话也收在题为莫是龙著的《书说》中，但细考起来，实在还是董其昌的作品[①]，所以“南北宗”说的创始人，应该是董其昌。董其昌又说：

文人画自王右丞始，其后董源、巨然、李成、范宽为嫡子。李龙眠、王晋卿、米南宫及虎儿皆从董、巨得

---

①《画说》旧题莫是龙撰，又全见董其昌著作中，近人多疑董书误收莫文，近年陆续见到新证据，知道是明人误将董文题为莫作。又本文所引董其昌的话都见《容台集》、《画眼》和《画禅室随笔》。

来。直至元四大家——黄子久、王叔明、倪元镇、吴仲圭皆其正传。吾朝文、沈，则又远接衣钵。若马、夏及李唐、刘松年又是大李将军之派，非吾曹所当学也。

陈继儒是董其昌的同乡，是他的清客，他们互相捧场。《清河书画舫》中引他的一段言论说：

山水画自唐始变，盖有两宗：李之传为宋王诜、郭熙、张择端、赵伯驹、伯骕，以及于李唐、刘松年、马远、夏珪皆李派；王之传为荆浩、关仝、李成、李公麟、范宽、董源、巨然，以及于燕肃、赵令穰、元四大家皆王派。李派板细乏士气，王派虚和萧散，此又慧能之禅，非神秀所及也。至郑虔、卢鸿一、张志和、郭忠恕、大小米、马和之、高克恭、倪瓒辈，又如方外不食烟火人，另具一骨相者。

比董、陈稍晚的沈颢，是沈周的族人，称沈周为“石祖”。和董家也有交谊，称董其昌为“年伯”（见《曝画记余》）。他在这个问题上，完全附和董的说法。他的《画尘》中“分宗”条说：

禅与画具有南北宗，分亦同时，气运复相敌也。南宗则王摩诘，裁构淳秀，出韵幽淡，为文人开山，若荆、关、宏、璪、董、巨、二米、子久、叔明、松雪、梅叟、迂翁，以至明兴沈、文，慧灯无尽。北则李思训风骨奇峭，挥扫躁硬，为行家建幢。若赵干、伯驹、伯骕、马远、夏珪，以至戴文进、吴小仙、张平山辈，日就狐禅，衣钵尘土。

归纳他们的说法，有下面几个要点：1. 山水画和禅宗一样，在唐时就分了南北二宗；2. “南宗”用“渲淡”法，以王维为首，“北宗”用着色法，以李思训为首；3. “南宗”和“北宗”各有一系列的徒子徒孙，都是一脉相传的；4. “南宗”是“文人画”，是好的，董其昌以为他们自己应当学，“北宗”是“行家”，是不好的，他们不应当学。

按照他们的说法推求起来，便发现每一点都有矛盾。尤其“宗”或“派”的问题，今天我们研究绘画史，应不应按旧法子去那么分，即使分，应该拿些什么原则作标准？现在只为了揭发董说的荒谬，即使根据唐、宋、元人所称的“派别”旧说——偏重于师徒传授和技法风格方面——来比较分析，便已经使董其昌那么简单的只有“南北”两个派的分法不攻自破了。至于更进一步把唐宋以来的山水画风重新细致地整理分析，那不是本篇范围所能包括的了。现在分别谈谈那四点矛盾：

第一，我们在明末以前，直溯到唐代的各项史料中，绝对没看见过唐代山水分南北两宗的说法，唐张彦远《历代名画记》中“叙师资传授南北时代”与董其昌所谈山水画上的问题无关。更没见有拿禅家的“南北宗”比附画派的痕迹。

第二，王维和李思训对面提出，各称一派祖师的说法，晚明以前的史料中也从没见过。相反地，在唐宋的批评家笔下，王维画的地位还是并不稳定的。固然有许多推崇王维的议论——王维也确有许多可推崇的优点——同时含有贬义的也很不少。即是那些推崇的议论中，也没把他提高到“祖师”的地位。我们且看那些反面意见：唐朱景玄《唐朝名画录》把王维放在吴道子、张璪、李思训之下。《历代名画记》以为“山水之变”始于吴道子，成于李思训、昭道父子，对于王维只提出“重深”二字的评语。到了宋朝，像郭若虚《图画见闻志》以及《宣和画谱》等，都特别推重李成，以为是“古今第一”，说他比前人成就大，是具有发展进化的观念，不但没把王维当作“祖师”，更没说李成是他的“嫡子”。王维和李思训在宋代被同时提出的时候，往往是和其他的画家一起谈起，并且常是认为不如李成的。

我们承认王维和李思训的画在唐代各有他们的地位，也承认王维画中可能富有诗意，如前人所说的“画中有诗”。但他们都不是什么“祖师”，更不是“对台戏”的主角。

至于作风问题，“渲淡”究竟怎么讲？始终是一个概念迷离的词。从“一变钩斫之法”和“着色山水”对称的线索来看，好像是指用水墨轻淡渲染的方法，与勾勒轮廓填以重色的书法不同。我们承认唐代可能已有这样所谓渲淡的画法，可是王维是否唯一用这一法的人，或创这一法的人，以及用这一法最高明的人，都成问题。张彦远说王维“重深”，米友仁说王维的画“皆如刻画不足学”更是董其昌自己所引用过的话，都和“渲淡”的概念矛盾。董其昌记载过董羽的《晴峦萧寺图》说“大青绿全法王维”，又《山居图》旧题是李思训作，董其昌把它改题为王维，说：“图中松针石脉无宋以后人法，定为摩诘无疑。向传为大李将军，而拈出为辋川者自余始。”又《出峡图》最初有人题签说是小李将军，后有人以为是王维，陆深见《宣和画谱》著录有李升的《出峡图》，因为李升学李思训，也有“小李将军”的诨号，又定它为李升画（见《佩文斋书画谱》引陆深的题跋）。我们且不问他们审定的根据如何，至少王和李的作风是曾经被人认为有共同点而且是容易混淆的，以致董其昌可以从李思训的名下给王维拨过几件成品。如果两派作风截然不同，前人何以能那样随便牵混，董其昌又何以能顺手拨回呢？旧画冒名改题的很多，我却从来没见过把徐文长画改题仇十洲的。

第三，董其昌、陈继儒、沈颢所列传授系统中的人物，互有出入，陈继儒还提出了“另具骨相”的一派，这证明他们的论据并不那么一致，但在排斥“北宗”问题上却是相同的。另一方面，他们所提的“两派”传授系统那样一脉相承也不合实际。前面谈过唐人说张璪画品高于王维，怎能算王维的“嫡子”？再看宋元各项史料，知道关仝、李成、范宽是学荆浩，荆浩是学吴道子和项容的，所谓“采二子之长，成一家之体”分明载在《图画见闻志》，与王维并无关系。董、巨、二米又是一个系统。即一个系统之间也还各有自己的风格和相异点。郭若虚又记董源画风有像王维的，也还有像李思训的。并且《宣和画谱》更特别提到他学李思训的成功，又怎能专算王维的“嫡子”呢？再看他们所列李思训一派，只赵伯驹、伯骕学李氏画法见于《画鉴》，虽属异代“私淑”，风格上还可说是接近，至于赵干、张择端、刘、李、马、夏，在宋元史料中都没见有源出二李的说法。夏文彦《图绘宝鉴》记宋高宗题李唐的《长度江寺》虽有过“李唐可比唐李思训”的话，但“可比”和“师承”在词义上是不能混为一谈的。相反地，《图绘宝鉴》又说夏珪“雪景全学范宽”，说张择端“别成家数”。即以董其昌自己的话来看，他说夏珪画“若灭若没，寓二米墨戏于笔端”，陈继儒也随着说：“夏珪师李唐、米元晖拖泥带水皴。”（见《画学心印》）董又说：“米家父子宗董、巨，稍删其繁复，独画云仍用李将军钩笔，如伯驹、伯骕辈。”又说：“见晋卿瀛山图，笔法似李营丘，而设色似李思训。”至于影印本很多的那幅《寒林重汀图》，董其昌在横额上大书道：“魏府收藏董源画天下第一”，我们再看故宫影印的赵干《江行初雪图》，树石笔法，正和那“天下第一”的董源画极端相近。这些矛盾，董其昌又当怎样解嘲呢？仅仅从这几个例子上来看，他们所列的传授系统，已经可以不攻自破了。

第四，董其昌也曾“学”过或希望“学”他所谓“北宗”的画法，不但没有实践他自己所提出的“不当学”的口号，而且还一再向旁人号召。他说：“柳则赵千里，松则马和之，枯树则李成，此千古不易。”又说：“石法用大李将军《秋江待渡图》。”又说：“赵令穰、伯驹、承旨三家合并，虽妍而不甜；董源、米芾、高克恭三家合并，虽纵而有法。两家法门，如鸟双翼，吾将老焉。”他还说仿过赵伯驹的《春山读书图》。大李将军、赵伯驹，正是他所规定的“北派”吧！既“不当学”，怎么他又想学呢？可见另有缘故，我们应该作进一步的探讨。

二　“南北二宗”的借喻关系

至于董其昌所说的“南北”，他究竟想拿什么作标准呢？我们且看董其昌自己的说法：“禅家有南北二宗，唐时始分；画之南北二宗，亦唐时分也，但人非南北耳。”好像他也知道南北二字易被人误解为画家籍贯问题，因此才加了一句“人非南北”的声明。虽然声明，还没解决问题。

综合明清以来各家对于“南北宗”的涵义和界限的解释，不出两大类。一是从地域来分，一是从技法来分。第一类中常见的是以作者籍贯为据，这显然与“人非南北”相抵牾。或以所画景物的地区为据，这与董其昌等人所提出的原意也不相符，至少没见董其昌等人说到这层关系上。第二类在技法、风格上看“南北宗”，是从董其昌等人所提出的那些“渲淡”、“钩斫”、“板细”、“虚和”等概念来推求的。研究古代绘画的发展和它们的派别，技法、风格原是可用的一部分线索。但是这些误信“南北宗”谬说而拿技法、风格来解释它的，却是在“两大支派”的前提下着手，替这个前提“圆谎”，于是矛盾百出。最明显的马远、夏珪和赵伯驹、伯骕的作品，摆在面前，他们的技法风格无论怎样说也不可能归成一个“宗派”——“北宗”的。我们把误解和猜测的说法抛开，再看董其昌标出“南北”二字的原意是什么？他分明是以禅家作比喻的，那么禅家的“南北宗”又是怎样一回事呢？

禅宗的故事是这样的：菩提达摩来到中国，传到第五代，便是弘忍。弘忍有两个徒弟，一个是神秀，一个是慧能。他们两人在“修道”的方法上主张不同。慧能主张“顿悟”，也就是重“天才”；神秀主张“渐修”，也就是重“功力”。神秀传教在北方，后人管他那“渐修”一派叫作“北宗”；慧能传教在南方，后人管他那“顿悟”一派叫“南宗”。

我们不是谈禅宗的“教义”怎样，也不是论他们“顿”和“渐”谁是谁非，只是说“南顿”、“北渐”这个禅宗典故是流行已久的，那么董其昌借来比喻他所“规定”的画派是非常可能的了。再看他论仇英画的一段话：

李昭道一派为赵伯驹、伯骕。精工之极，又有士气，后人仿之者，得其工不能得其雅。若元之丁野夫、钱舜举是已。盖五百年而有仇实父……实父作画时，耳不闻鼓吹阗骈之声，如隔壁钗钏戒顾，其术亦近苦矣。行年五十，方知此一派画殊不可习，譬之禅定，积劫方成菩萨：非如董、巨、二米三家，可一超直入如来地也。

他认为李、赵“一派”用功极“苦”，拿“禅定”来比，是需要“渐修”而成的；董、巨、二米，是可以“一超直入”，即是可以“顿悟”的。那么拿禅宗典故比喻画派的原意便非常明白。他或者想到倘若即提出“顿派”、“渐派”，又恐怕这词汇不现成、不被人所熟习，因此才借川“南北”的名称。但禅宗的“南北”名称是由人的南北而起，拿来比画派又易生误解，所以赶紧加上“人非南北耳”的声明，也更可以证明它本意不是想用禅家两派名称表面的概念，而是想通过这个名称“南北”借用其内在含义——“顿”、“渐”。当然学习方法和创作态度是否可能“顿悟”，董所规定的“南宗”里那些人又是否果然都会“顿悟”，全不值我们一辨，这里只是推测董其昌的主观意图罢了。

必须注意的是即使我们承认李、赵是一派，也不能即说他们和董、巨、二米有什么绝对的对立关系。李、赵派需要吃功力，董、巨、二米派也不见得便可以毫不用功，更不见得便像董其昌所说的那么容易模仿，容易立刻彻底理解——“一超直入”。但在董其昌的绘画作品中常见有“仿吾家北苑气”、“仿米家云山”等类的题识，可见他主观上曾希望追求董、巨、二米诸家作品的气氛却是事实。

在清代画家议论中，触及禅家两宗问题的，只有方薰一人说：“画分南北两宗，亦奉禅宗南顿北渐之义，顿者根于性，渐者成于行也。”算是说着了董其昌的原意，但可惜过于简略，没有详尽的阐明。所以《山静居论画》虽很流行，而在这个问题的解释上，还没发生什么效果。

三　董其昌立说的动机

董其昌为什么要创这样的说法呢？从他的文章中看，他标榜“文人画”而提出王维，他谈到王维的《江山雪霁图》时说：

> 赵吴兴小幅，颇用金粉……余一见定为学王维……今年秋，闻王维有《江山雪霁》一卷，为冯宫庶所收，亟令友人走武林索观……以余有右丞画癖，勉应余请，清斋

三日，展阅一过。宛然吴兴小幅笔意也。余用是自喜。且右丞云：“宿世谬词客，前身应画师。”余未尝得睹其迹，但以想心取之，果得与真肖合，岂前身曾入右丞之室，而亲览其槃礴之致，故结习不昧乃尔耶？

这样的自我标榜，是何等可笑！再看他一方面想学“大李将军之派”，一方面又贬斥“大李将军之派”，为什么呢？翻开他的年侄沈颢的话看：“李思训风骨奇峭，挥扫躁硬，为行家建幢。若……马远、夏珪，以至戴文进、吴小仙、张平山辈，日就狐禅，衣钵尘土。”原来马、夏是受了常学他们的戴文进一些人的连累。戴、吴等在技法上是当时相对“玩票”画家——“利家”而称的“行家”。我们知道当时学李、赵一派的仇英也是“行家”。那么缘故便在这里，许多凡被“行家”所学，很吃力而不易模仿的画派，不管他们作风实际是否相同，便在“不可学”、“不当学”的前提之下，把他们叫作个“北宗”来“并案办理”了。

“行家”、“利家”（或作“戾家”、“隶家”）即是“内行”、“外行”的意思。在元明人关于艺术论著中常常见到。董其昌虽然不能就算是“玩票”的，但我们拿他的“亲笔画”和戴进一派来比，真不免有些“利家”的嫌疑，何况还有身份问题存在呢！那么他抬出“文人”的招牌来为“利家”解嘲，是很容易理解的。当然，“行家”们作画也不一定不学董其昌所规定的那一批“南宗”的画家，即那些所谓“南宗”的宋元画家，在技法上又哪一个不“内行”呢？因此并不能单纯地拿“行”、“利”来解释或代替“南北宗”的观念。这里只说明董其昌、沈颢等人在当时的思想。

从身份上看戴进等人是职业画家，在士大夫和工匠阶层之间，最高只能到皇帝的画院里做个待诏等职。文徵明确是文人出身，相传他做翰林待诏时——还不是画院职务，尚且被些个大官僚讥诮说：“我们的衙门里不要画匠。”[①]那么真正画匠出身的画家们，又该如何被轻视啊！因此有人曾想拿“院体”来解释“北宗”，这自然也是片面的看法，不待细辨的。

董其昌等人创说的动机中还有一层地域观念的因素。詹景凤《东图玄览编》说：“戴（进）画之高，亦在苍古而雅，不落俗工脚手，吴中乃专尚沈石田，而弃文进不道，则吴人好画之癖，非通方之论，亦习见然也。”又戴进一派的画上很少看见多的题跋或诗文，这可能是他们学宋代画格的习惯，也可能是他们的文学修养原来不高。明刻《顾氏画谱》有沈朝焕

---

① 见明何元朗《四友斋丛说》，这里只引述大意。

题戴进画："吴中以诗字妆点画品，务以清丽媚人，而不臻古妙。至姗笑戴文进诸君为浙气。"这真是"一针见血"之论。因此，龚贤在他的《画诀》上所说："大斧劈是北派，戴文进、吴小仙、蒋三松多用之，吴人皆谓不入赏鉴。"也成为有力的旁证。再看董其昌自己的话：

> 昔人评赵大年画谓得胸中着千卷书更佳……不行万里路，不读万卷书，看不得杜诗，画道亦尔。马远、夏珪辈不及元四大家，观王叔明、倪云林姑苏怀古诗可知矣。

应该读书是一回事，拿不会作诗压马、夏，又是"诗字妆点"的另一证据。由于以上的种种证据，董其昌等人捏造"南北宗"说法的种种动机，便可以完全了然了。

总结来说，"南北宗"说是董其昌伪造的，是非科学的，动机是自私的。不但"南北宗"说法不能成立，即是"文人画"这个名词，也不能成立的。"行家"问题，可以算是促成董其昌创造伪说动机的一种原因，但这绝对不能拿它来套下"南北宗"两个伪系统。不能把所有被称为"南宗"的画家都当作"利家"，我们必须把这臆造的"两个纵队"打碎，而具体地从作家和作品来重新作分析和整理的工夫。我们不否认王维或李思训在唐代绘画史上各有他们自己的地位，也不否认董其昌所规定的那一些所谓“南宗画家”在绘画史上有很多的贡献。不否认戴进、吴伟一派中有一定的公式化的庸俗一面，也不否认沈周、文徵明等，甚至连董其昌也算上有他们优秀的一面（我们辨“南北宗”说，不是为站在戴进一边来打倒董其昌）。但是，这与董其昌的标榜完全不能混为一谈，而需要另作新的估价。

“南北宗”说和伴随着的传授系统既然弄清楚是晚明时人伪造的，但三百年来它所发生的影响却是真的。我们研究绘画史，不能承认王维、李思训的传授系统，但应承认董其昌谬说的传播事实。更要承认的是这个谬说传播以后，一些不重功力，借口“一超直入如来地”的庸俗的形式主义的倾向。

宗法这个东西，本是封建社会的意识形态之一，山水画的“南北宗”说，当然也是这种意识在艺术上的反映。我们从整个的艺术史上看，造一个“南北宗”伪说的问题，所占比重原不太大，但它已经有这些龌龊思想隐在它的背后，而表面上只是平平淡淡的“南北”二字，这是值得我们严重注意的。

一九五四年初稿，一九八〇年重订

书画鉴定三议

一　书画鉴定有一定的“模糊度”

古代名人书画有真伪问题，因之就有价值和价钱问题。我每遇到有人拿旧字画来找我看的时候，首先提出的问题，不是想知道它的优劣美恶，而常是先问真伪，再问值多少钱。又在一般鉴定工作中，无论是公家的还是私人的，又有许多“世故人情”掺在其间。如果查查私人收藏著录，无论是历代哪个大收藏鉴定名家，从孙承泽、高士奇的书以至《石渠宝笈》，其中的漏洞破绽，已然不一而足；即是解放后人民的文物单位所有鉴定记录中，难道都没有矛盾、混乱、武断、模糊的问题吗？这方面的工作，我个人大多参加过，所以有可得而知的。但“求同存异”，“多闻缺疑”，本是科学态度，是一切工作所不可免，并且是应该允许的。只是在今天，一切宝贵文物都是人民的公共财富，人民就都应知道所谓鉴定的方法。鉴定工作都有一定的“模糊度”，而这方面的工作者、研究者、学习者、典守者，都宜心中有数，就是说，知道有这个“度”，才是真正向人民负责。

鉴定方法，在近代确实有很大的进步。因为摄影印刷的进展，提供了鉴定的比较资料；科学摄影可以照出昏暗不清的部分，使被掩盖的款识重新显现，等等。研究者又在鉴定方法上更加细密，比起前代“鉴赏家”那套玄虚的理论、“望气”的办法，无疑进了几大步。但个人的爱好，师友的传习，地方的风尚，古代某种理论的影响，外国某种理论的比附，都是不可完全避免的。因之任何一位现今的鉴定家，如果要说没有丝毫的局限性，是不可能的。如说“我独无”，这句话恐怕就是不够科学的。记得清代梁章钜《制艺丛话》曾记一个考官出题为“盖有之矣”（见《论语》），考生作八股破题是：“凡人莫不有盖”，考官见了大怒，批曰“我独无”。往下看起讲是：“凡自言无盖者，其盖必大”，考官赶紧又将前边批语涂去。往下再看是：“凡自言有盖者，其盖必多。”这是清代科举考试中的实事，足见“我独无”三字是不宜随便说的！

有人会问：怎么才更科学，或说还有什么更好的科学方法？我个人觉得首先是辩证法的深入掌握，然后才可以更多地泯除成见，虚心地尊重科学。其次是电脑的发展，必然可以用到书画鉴定方法的研究上。例如用笔的压力，行笔习惯的侧重方向，字的行距，画的构图以及印章的校对等等，如果通过电脑来比较，自比肉眼和人脑要准确得多。已知的还有用电脑测视种种图像的技术，更可使模糊的图像复原近真，这比前些年用红外线摄影又前进了一大步。再加上材料的凑集排比，可以看出其一家书画风格的形成过程，从笔力特点印证作者体力的强弱，以及他年寿的长短。至于纸绢的年代，我相信，将来必会有比“碳十四”测定年限更精密的办法，测出几百年中间的时间差异。人的经验又可与科学工具相辅相成。不妨说，人的经验是软件，或说软件是据人的经验制定的，而工具是硬件，若干不同的软件方案所得的结论，再经比较，那结论一定会更科学。从这个角度说，“肉眼一观”、“人脑一想”，是否“万无一失”，自是不言而喻的！

二　鉴定不只是“真伪”的判别

从古流传下来的书画，有许多情况，不只是“真”、“伪”两端所能概括的。如把真伪二字套到历代一切书画作品上，也是与情理不符合，逻辑不周延的。

譬如我们拿一张张三的照片说是李四，这是误指、误认；如说是张三，对了。再问是真张三吗，答说是的。这个“真”字、“是”字，就有问题了。照片是一张纸“真张三是个肉体，纸片怎能算真肉体？那么不怕废话，应该说是张三的真影、张三的真像等等才算合理。书画的“真”、“伪”者，也有若干成因，据此时想到的略举几例。

1. 古法书复制品：古代称为“摹本”。在没有摄影技术时，一件好法书，由后人用较透明的油纸、蜡纸罩在原迹上钩摹，摹法忠实，连纸上的破损痕迹都一一描出。这是古代的复制法，又称为“向拓”，并非有意冒充。后世有人得到摹本，称它为原迹，摹者并不负责的。

2. 古画的摹本：宋人记载常见有摹拓名画的事，但它不像法书那样把破损之处用细线勾出，因而辨认是不容易的。在今天如果遇到两件相同的宋画，其中必有一件是摹本，或者两件都是摹本。即使已知其中一件是摹本，那件也出宋人之手，也应以宋画的条件对待它。

3. 无款的古画，妄加名款：何以没有款？原因可能很多，既然不存在了，谁也无法妄加推测。但常见有人追问：“这到底是谁画的？”这个没有理由的问题，本不值得一答。古书却常因此造成冤案：所谓“好事者”或“有钱无眼”的地主老财们，没名的画他便不要，于是谋利的画商，就给画上乱加名款。及至加了名款后，别人看见款字和画法不相应，便“鉴定”它是一件假画。这种张冠李戴的画，如把一个“假”字简单地派到它头上，是不合逻辑的。

4. 拼配：真画、真字配假跋，或假画、假字配真跋。有注重书画本身的人，商人即把真本假跋的卖给他；有注重题跋的人，商人即把伪本真跋的卖给他。还有挖掉小名头的本款，改题大名头的假款，如此等等。从故友张珩先生遗著《怎样鉴定书画》一书问世之后，陆续有好几位朋友撰写这方面的专著，各列例证，这里不必详举了。

5. 直接作伪：彻头彻尾的硬造，就更不必说了。

6. 代笔：这是最麻烦的问题，这种作品往往是半真半假的混合物。写字找人代笔，有的是完全不管代笔人风格是否相似，只有那个人的姓名就够了。最可笑的是旧时代官僚死了，门前竖立“铭旌”，中间写死者的官衔和姓名，旁边写另一个大官僚的官衔和姓名，下写“顿首拜题”，看那字迹，则是扁而齐的木刻字体，这是那个大官僚不会写的，就是他的代笔人什么文案秘书之类的人，也不会写，只有刻字工人才专能写它。这可算代笔的第一类。还有代笔人专门学习那位官僚或名家的风格，写出来，旁人是不易辨认的；且印章真确，作品实出那官僚或名家之家，甚至还有当时得者的题跋。这可算代笔的第二类，在鉴定结论上，已难处理。

至于画的代笔，比字的代笔更复杂。一件作品从头至尾都出代笔人，也还罢了；竟有本人画一部分，别人补一部分的。我曾见董其昌画的半成品，而未经补全的几开册页，各开都是半成品。我还曾看到过溥心畬先生在纸绢上画树木枝干、房屋间架、山石轮廓后即加款盖印时半成品，不待别人给补全就被人拿去了。可见（至少这两家）名人画迹中有两层重叠的混合物。还有原纸霉烂了多处，重裱补纸之后，裱工“全补”（裱工专门术语，即是用颜色染上残缺部分的纸地，使之一色，再仿着画者的笔墨，补足画上缺损的部分）。补缺处时，有时也牵连改动未损部分，以使笔法统一。这实际也是一种重叠的混合物。这可算代笔的第三类，在鉴定结论上更难处理。即以前边所举几例来看，“真伪”二字很难概括书画的一切问题，还有鉴定者的见闻、学问，各有不同，某甲熟悉某家某派，某乙就可能熟悉另一家一派。

还有人随着年龄的不同，经历的变化，眼光也会有所差异。例如恽南田记王烟客早年见到黄子久《秋山图》以为“骇心洞目”，乃至晚年再见，便觉索然无味，但那件画“是真一峰也”。如果烟客早年作鉴定记录，一定把它列入特级品，晚年作记录，恐要列入参考品了吧！我二十多岁时在秦仲文先生家看见一幅黄谷原绢本设色山水，觉得是精彩绝伦，回家去心摹手追，真有望尘莫及之叹。后在四十余岁时又在秦先生家谈到这幅画，秦先生说：“你现在看就不同了。”及至展观，我的失望神情又使秦先生不觉大笑。这和《秋山图》的事正是同一道理，属于年龄与眼力同步提高的例子。

另有一位老前辈，从前在鉴定家中间公推为泰山北斗，晚年收一幅清代人的书。在元代，有一个和这清人同名的画家，有人便在这幅清人画上伪造一段明代人的题，说是元代那个画家的作品。不但人藏，还把它影印出来。我和王畅安先生曾写文章提到它是清人所画而非元人的制作。这位老先生大怒。还有几位好友，在中年收过许多好书画，及至渐老，却把真品卖去，买了许多伪品。不难理解，只是年衰眼力亦退而已。

我听到刘盼遂先生谈过，王静安先生对学生所提出研究的结果或考证的问题时，常用不同的三个字为答：一是“弗晓得”，一是“弗的确”，一是“不见得”，王先生的学术水平，比我们这些所谓“鉴定家”们（笔者也不例外）的鉴定水平（学术种类不同，这里专指质量水平），恐怕谁也无法说低吧？我现在几乎可以说：凡有时肯说或敢说自己有“不清楚”、“没懂得”、“待研究”的人，必定是一位真正的伟大鉴定家。

三　鉴定中有“世故人情”

鉴定工作，本应是“铁面无私”的，从种种角度“侦破”，按极公正的情理“宣判”。但它究竟不同于自然科学，“一加二是三”，“氢二氧一是水”，即使赵政、项羽出来，也无法推翻。而鉴定工作，则常有许许多多社会阻力，使得结论不正确、不公平。不正不公的，固然有时限于鉴者的认识，这里所指的是“屈心”作出的一些结论。因此我初步得出了八条：一皇威、二挟贵、三挟长、四护短、五尊贤、六远害、七忘形、八容众。前七项是造成不正不公的原因，后一种是工作者应自我警惕保持的态度。

1. 皇威。是指古代皇帝所喜好、所肯定的东西，谁也不敢否定。乾隆得了一卷仿得很不像样的黄子久《富春山居图》，作了许多诗，题了若干次。后来得到真本，不好转还了，便命梁诗正在真本上题说它是伪本。这种瞪着眼睛说谎话的事，在历代最高权力的集中者皇帝口中，本不稀奇；但在真伪是非问题上，却是冤案。

康熙时陈邦彦学董其昌的字最逼真，康熙也最喜爱董字。一次康熙把各省官员“进呈”的许多董字拿出命陈邦彦看，问他这里边有哪些件是他仿写的，陈邦彦看了之后说他自己也分不出了，康熙大笑（见《庸闲斋笔记》）。自己临写过的乃至自己造的伪品，焉能自己都看不出。无疑，如果指出，那“进呈”人的“礼品价值”就会降低，陈和他也会结了冤家。说自己也看不出，又显得自己书法“乱真”。这个答案，一举两得，但这能算公平正确的吗?

2. 挟贵。贵人有权有势有钱，谁也不便甚至不敢说“扫兴”的话，这种常情，不待详说。最有趣的一次，是笔者从前在一个官僚家中看画，他首先挂出一条既伪且劣的龚贤名款的书，他说：“这一幅你们随便说假，我不心疼，因为我买的最便宜（价最低）。”大家一笑，也就心照不宣。下边再看多少件，都一律说是真品了。

3. 挟长。前边谈到的那位前辈，误信伪题，把清人画认为元人画。王畅安先生和我惹他生气，他把我们叫去训斥，然后说：“你们还淘气不淘气了？”这是管教小孩的用语，也足见这位老先生和我们的关系。我们回答：“不淘气了。”老人一笑，这画也就是元人的了。

4. 护短。一件书画，一人看为假，旁人说他真，还不要紧，至少表现说假者眼光高、要求严。如一人说真，旁人说假，则显得说真者眼力弱、水平低，常致大吵一番。如属真理所在的大问题，或有真凭实据的宝贝，即争一番，甚至像卞和抱玉刖足，也算值得，否则谁又愿惹闲气呢？

5. 尊贤。有一件旧仿褚遂良体写的大字《阴符经》，有一位我们尊敬的老前辈从书法艺术上特别喜爱它。有人指出书艺虽高但未必果然出于褚手。老先生反问："你说是谁写的呢？谁能写到这个样子呢？"这个问题答不出，这件的书写权便判归了褚遂良。

6. 远害。旧社会常有富贵人买古书画，但不知真伪，商人借此卖给他假物，假物卖真价当然可赚大钱。买者请人鉴定，商人如果串通常给他鉴定的人，把假说真，这是骗局一类，可以不谈。难在公正的鉴定家，如果指出是伪物，买者"退货"，常常引鉴者的判断为证，这便与那个商人结了仇。曾有流氓掮客，声称找鉴者寻衅，所以多数鉴定者省得麻烦，便敷衍了事。从商人方面讲，旧社会的商人如买了假货，会遭到经理的责备甚至解雇；一般通情达理的顾客，也不随便闲评商店中的藏品。这种情况相通于文物单位，如果某个单位"掌眼"的是个集体，评论起来，顾忌不多；如果只有少数鉴家，极易伤及威信和尊严，弄成不愉快。

7. 忘形。笔者一次在朋友家聚集看画，见到一件佳品，一时忘形地攘臂而呼："真的！"还和旁人强辩一番。有人便写给我一首打油诗说："独立扬新令，真假一言定。不同意见人，打成反革命。"我才凛然自省，向人道歉，认识到应该如何尊重群众！

8. 容众。一次在外地收到一册宋人书札，拿到北京故宫嘱为鉴定。唐兰先生、徐邦达先生、刘九庵先生，还有几位年轻同志看了，意见不完全一致，共同研究，极为和谐。为了集思广益，把我找去。我提出些备参考的意见，他们几位以为理由可取，就定为真迹，请外地单位收购。最后唐先生说："你这一言，定则定矣。"不由得触到我那次目无群众的旧事，急忙加以说明，是大家的共同意见，并非是我"一言堂"。我说："先生漏了一句：'定则定矣'之上还有'我辈数人'呢。"这两句原是陆法言《切韵序》中的话，唐先生是极熟悉的，于是仰面大笑，我也如释重负。颜鲁公说："齐桓公九合诸侯，一匡天下，葵丘之会，微有振矜，叛者九国。故曰行百里者半九十里，言晚节末路之难也。"这话何等沉痛，我辈可不戒哉！

以上诸例，都是有根有据的真人真事。仿章学诚《古文十弊》的例子，略述如此。坚持真理是社会主义的新道德；迁就世故是旧社会的残余意识。今天在还有贯彻新道德的余地的情况下，注意讲求，深入贯彻，仍是建设精神文明的一个重要环节，也是值得今天作鉴定工作的同志们共勉的！

鉴定书画二三例

一

书画有伪作，自古已然，不胜枚举。梁武帝辨别不清王羲之的字，令陶弘景鉴定，大约可算专家鉴定文物的最早故实了。以后唐代的褚遂良等，宋代的米芾父子，元代的柯九思，明代的董其昌，清代的安岐，直到现代已故的张珩先生，都具有丰富的经验和敏锐的眼光。

既称为鉴定，当然须在眼见实物的条件下，才能作出判断，而事实却有许多有趣的例外。我曾听老辈说过康有为一件事：有人拿一卷字画请康题字，康即写“未开卷即知为真迹”，见者无不大笑。原来求题的人完全是“附庸风雅”，康又不便明说它是伪作，便用这种开玩笑的办法来应付藏者，也就是用“心照不宣”的办法来暗示识者。这种用X光式的肉眼来鉴定书画，恐怕要算文物界的奇闻吧？

相反地，未开卷即知为伪迹的，或者说未开卷即发现问题的，也不乏其例。假如有人拿来四条、八条颜真卿写的大屏，那还用打开看吗？

我曾从著录书上、法帖上看到两件古法书的问题，一件是米芾的《宝章待访录》，一件是张即之写的《汪氏报本庵记》。这两件的破绽，都是从一个“某”字上露出来的。

二

先要谈谈“某”字的意义和它的用法。

“某”是不知道一个人姓名、身份等，或不知一件事物的名称、性质等，找一个代称字，在古代也有用符号“△”的。陆游《老学庵笔记》卷六说：“今人书某为△，皆以为从俗简便，其实古某字也。《穀梁·桓二年》：‘蔡侯、郑伯会于鄧。’范宁注曰：‘鄧△地。’陆德明《释文》曰：‘不知其国，故云△地，本又作某。’”按：自广义来说，凡字都是符号；自狭义来说，“△”在六书里，无所归属，即说它是“从俗简便”，实在也没什么不可的。况且从校勘的逻辑上讲，陆放翁的话也有所不足。同一种书，有两个版本，甲本此字作A，乙本此字作B。A之与B不同，可能是同一字的异体，也可能是另一字。用法相同的字，未必便算是同一字。但可见唐代以前，这“△”符号，已经流行使用了。

今天见到的唐代虞世南书《汝南公主墓志》草稿中，即把暂时不确知的年月写成“△年△月”以待填补。这卷草稿虽是后人钩摹的，但保存着原来的样式。

又有写作“△乙”符号的，有人认为即是“某乙”的简写，其实只是“△”号的略繁写法，如果是“某乙”，那怎么从来没见有将“某甲”写作“△甲”的呢？代称字用符号“△”，问题并不大，而“某”字却在后世发生了一些纠葛。

《论语》中“某在斯、某在斯”，是第一人对第二人称第三人的说法。古籍中凡第一身自称作“某”的，都是旁人记述这个人的话。因为古代人常自称己名，没有自用“某”字自作代称的。我们从古代人的书札或撰写的碑铭墓志的拓本中，都随处可以见到。例如苏轼自己称“轼”，朱熹自己称“熹”。

古代子孙口头、笔下都要避上辈的讳，虽有“临文不讳”的说法见于礼经明文，但后世习俗，越避越广，编上辈文集的人，常常把上辈自己书名处，也用“某”字代替。我们如拿文集的书本和其中同一文的碑铭石刻或书札墨迹比观，即不难看到改字的证据。

不知什么时候开始，有人自己称“某”。我们有时听到二人谈话，当自指本人时，常说“我张某人”、“我李某人”，他们确实不是要自讳其名，而是习而不察，成为惯例。

清代诗人王士禛，总不能算不学了吧？但他给林佶有几封书札，是林氏为他写《渔洋精华录》时，商量书写格式的，有一札嘱咐林氏在一处添上他的名字，原札这样写：“钱牧翁先生见赠古诗，题下添注贱名二字。”此下便写出他要求添注的写法是：“古诗一首赠王贻上”一行大字，又在这一行的右下逐注两个小字“士〇”。如果只看录文的书籍，必然要认为是刻书人避雍正的讳，书上一个圈。谁知即是王士禛自讳其名呢！刑部尚书大官对门生属吏的派头，在这小小一圈中已跃然纸上了。所以宋代田登作郡守，新春放灯三日，所出的告示中不许写“灯”子，去掉“灯”字右半，只写“放火三日”。与此真可谓无独有偶。

三

宋代米芾好随手记录所见古代法书名画，记名画的书，题为《画史》。记法书的书，题为《书史》。

《书史》之外，还有一部记法书的书，叫作《宝章待访录》。这部书早已有刻本。明代末期一个收藏鉴定家张丑，收到一卷《宝章待访录》的墨迹，他相信是米芾的真迹，因而自号“米庵”。这卷墨迹的全文，他全抄录下来，附在他所编著的《清河书画舫》一书之中。这卷墨迹一直传到二十世纪二十年代初期，还在收藏鉴赏家景贤手中。景氏死后，已不知去向。

这卷墨迹，我没见到过，但从张丑抄录的文词看，可以断定是一件伪作。理由是，其中凡米芾提到自己处，都不作“芾”，而作“某”。

我们今天看到许多米芾的真迹，凡自称名处，全都作“黻”或“芾”，他记录所见书画的零条札记，流传的有墨迹也有石刻，石刻如《英光堂帖》、《群玉堂帖》等等，都没有自己称名作“某”字的。可知这卷墨迹必是出自米氏子孙手所抄。北京图画馆藏米芾之孙米宪所辑《宝晋山林集拾遗》宋刻原本，有写刻米宪自书的序，字体十分肖似他的祖父，比米友仁还像得多，那么安知不是米宪这样手笔所抄的？如果出自米宪诸人，也可算“买王得羊”，“不失所望”了。谁知卷尾还有一行，是：“元祐丙寅八月九日米芾元章谟”，这便坏了，姑先不论元祐丙寅年时他署名用“黻”或用“芾”，即从卷中自避其名，而卷尾忽署名与字这点上看，也是自相矛盾的。

现在还留有一线希望，如果这末行名款与卷中全文不是一手所写，而属后添，那么全卷正文或出自米氏子孙所录，不失为宋人手迹，本无真伪之可言；如果末行名款与正文是一手所写，那便是照着刻本仿效米芾字体，抄录而成，可算彻底伪物了。好事的富人收藏伪物，本是合情合理的，但张丑、景贤，一向被认为是有眼力的鉴赏家，也竟自如此上当受骗，岂非咄咄怪事乎？

四

又南宋张即之书《汪氏报本庵记》，载在《石渠宝笈》，刻在《墨妙轩帖》，原迹曾经延光室摄影发售，解放后又影印在《辽宁博物馆藏法书》中。全卷书法，结体用笔，转折顿挫，与张氏其他真迹无不相符，但文中遇到撰文者自称名处，都作“某”。这当然不能是张即之自己撰著的文章了。在一九七三年以前，张氏一家墓志还没发掘出来时，张氏与汪氏有无亲戚关系，还不知道，无法从文中所述亲戚关系来作考察。看到末尾，署名处作“即之记”三字。记是记载，是撰著文章的用词，与抄、录、书、写的意义不同，那么难道南宋人已有自称为“某”像“我张某人”的情况了吗？这个疑团曾和故友张珩先生谈起。张先生一次到辽宁鉴定书画，回来告诉我，说“即之记”三字是挖嵌在那里的。可能全卷不止这一篇，或者文后还有跋语，作伪者把这三个字从旁处移来，嵌在这里，便成了张即之撰文自称为“某”了。究竟文章是谁作的呢？友人徐邦达先生在楼钥的《攻丑集》中找到了，那么这个“某”字原来是楼氏子孙代替“钥”字用的。这一件似真而假，又似假而真的张即之墨迹公案，到此真相才算完全大白了。

五

还有古画名款问题。在那十年中“征集”到的各地文物，曾在北京故宫博物院中展出。有一幅宋人画的雪景山水，山头密林丛郁，确是范宽画法。三拼绢幅，更不是宋以后画所有的。宋人画多半无款，这也是文物鉴赏方面的常识。但这幅画中一棵大树干上不知何时何人写上“臣范宽制”四个字，便成画蛇添足了。

按宋人郭若虚《图画见闻志》中说得非常明白，范宽名中正，字中（仲）立。性温厚，所以当时人称他为“范宽”。可见宽是他的一个诨号。正如舞台上的包拯，都化装黑脸，小说中便有“包黑”的诨号。有农村说书人讲包拯故事，说到他见皇帝时，自称“臣包黑见驾”，这事早已传为笑谈。有人问我那张范宽画是真是假，我回答是真正宋代范派的画。问者又不满足于“范派”二字，以为分明有款，怎么还有笼统讲的余地？我回答是，如不提到款字，只看作品的风格，我倒可以承认它是范宽的，如以款字为根据，那便与“臣包黑见驾”同一逻辑了。

所以在摄影印刷技术没有发达之前，古书画全凭文字记载，称为“著录”。见于著名收藏鉴赏家著录的作品，有时身价十倍。其实著录中也不知误收多少伪作品，或冤屈了多少好作品。

例如前边所谈的《宝章待访录》。如果看到原件，印证末行款字是否后人妄加，它可能不失为一件宋代米氏后人传录之本；《汪氏报本庵记》如果仅凭《石渠宝笈》和《墨妙轩帖》，它便成了伪作；宋人雪景山水，如果有详细著录，像《江村销夏录》的体例，也只能录下“臣范宽制”四个款字，倘若原画沉埋，那不但成了一桩古画“冤案”，而且还成了“包黑”之外的又一笑柄。

从这里得到三条经验：古代书画不是一个“真”字或一个“假”字所能概括；“著录”书也在可凭不可凭之间；古书画的鉴定，有许多问题是在书画本身以外的。

我心目中的郑板桥

《书法丛刊》要出一辑郑板桥的专号，编辑同志约我写一篇谈郑板桥的文章，不言而喻，《书法丛刊》里的文章，当然是要谈郑板桥的书法。但我的腔子里所装的郑板桥先生，却是一大堆敬佩、喜爱、惊叹、凄凉的情感。一个盛满各种调料的大水桶，钻一个小孔，水就不管人的要求，酸甜苦辣一齐往外流了。

我在十几岁时，刚刚懂得在书摊上买书，看见一小套影印的《郑板桥集》，底本是写刻的木板本，作者手写的部分，笔致生动，有如手迹，还有一些印章，也很像钤印上的，在我当时的眼光中，竟自是一套名家的字帖和印谱。回来细念，诗，不懂的不少；词，不懂句读，自然不懂的最多。读到《道情》，就觉得像作者亲口唱给我听似的，不论内容是什么，凭空就像有一种感情，从作者口中传入我的心中，十几岁的孩子，没经历过社会上的机谋变诈，但在祖父去世后，孤儿寡母的凄凉生活，也有许多体会。虽与《道情》所唱，并不密合，不知什么缘故，曲中的感情，竟自和我的幼小心灵融为一体。及至读到《家书》，真有几次偷偷地掉下泪来。我在祖父病中，家塾已经解散，只在邻巷亲戚的家塾中附学，祖父去世后，更只有在另一家家塾中附学。我深尝附学学生的滋味。《家书》中所写家塾主人对附学生童的体贴，例如看到生童没钱买川连纸做仿字本，要买了在“无意中”给他们。这“无意中”三字，有多么精深巨大的意义啊！我稍稍长大些，又看了许多笔记书中所谈先生关心民间疾苦的事，和做县令时的许多政绩，但他最后还是为擅自放赈，被罢免了官职。前些年，有一位同志谈起郑板桥和曹雪芹，他都用四个字概括他们的人格和作品，就是“人道主义”，在当时哪里敢公开地说，更无论涉及板桥的清官问题了。

及至我念书多些了，拿起《板桥集》再念，仍然是那么新鲜有味。有人问我：“你那样爱读这个集子，它的好处在哪里？”我的回答是“我懂得”，这时的懂得，就不只是断句和典故的问题了，对这位不值得多谈的朋友，这三个字也就够了，他若有脑子，就自己想去吧！又有朋友评论板桥的诗词，多说“未免俗气”，我也用“我懂得”三字说明我的看法。

板桥的书法，我幼年时在一位叔祖房中见一副墨拓小对联，问叔祖“好在哪里”？得到的解说有些听不懂，只有一句至今记得是“只是俗些”。大约板桥的字，在正统的画家眼里，这个“俗”字的批评，当然免除不了，由于正统画家评论的影响，在社会上非画家的人，自然也会“道听途说”。于是板桥书法与那个“俗”字便牢不可分了。

平心而论，板桥的中年精楷，笔力坚卓，章法连贯，在毫不吃力之中，自然地、轻松地收到清新而严肃的效果。拿来和当时张照以下诸名家相比，不但毫无逊色，还让观者看到处处是出自碑帖的，但谁也指不出哪笔是出于哪种碑帖。乾隆时的书家，世称“成刘翁铁”，成王的刀斩斧齐，不像写楷书，而像笔笔向观者“示威”；刘墉的疲惫骄蹇，专摹翻板阁帖，像患风瘫的病人，至少需要两人搀扶走路，如一撒手，便会瘫坐在地上；翁方纲专摹翻版《化度寺碑》，他把真唐石本鉴定为宋翻本，把宋翻本认为才是真唐石。这还不算，他有论书法的有名诗句说“浑朴常居用笔先”，真不知笔没落纸，怎样已经事先就浑朴了呢？所以翁的楷书，每一笔都不见毫锋，浑头浑脑，直接看去，都像用蜡纸描摹的宋翻《化度寺碑》，如以这些位书家为标准，板桥当然不及格了。

板桥的行书，处处像是信手拈来的，而笔力流畅中处处有法度，特别是纯联绵的大草书，有点画，见使转，在他的各体中最见极深、极高的造诣，可惜这种字体的作品流传不多。特别值得一提的是他批县民的诉状时，无论是处理什么问题，甚至有时发怒驳斥上诉人时，写的批字，也毫不含糊潦草，真可见这位县太爷负责到底的精神。史载乾隆有一次问刘墉对某一事的意见，刘墉答以“也好”二字，受到皇帝的申斥，设想这位惯说也好的“协办大学士”（相当今天的副总理），若当知县，他的批语会这样去写吗？

我曾作过一些《论书绝句》。曾说：“刻舟求剑翁北平，我所不解刘诸城。”又说：“坦白胸襟品最高，神寒骨重墨萧寥。朱文印小人千古，二十年前旧板桥。”任何人对任何事物的评论，都不可能毫无主观的爱憎在内。但客观情况究竟摆在那里，所评的恰当与否，尽管对半开、四六开、三七开、二八开、一九开，究竟还有评论者的正确部分在。我的《论书绝句》被一位老朋友看到，写信说我的议论“可以惊四筵而不可以适独坐”，话很委婉，实际是说我有些哗众取宠，也就是说板桥的书法不宜压过翁刘，我当然敬领教言。今天又提出来，只是述说有过那么几句拙诗罢了！

板桥的名声，到了今天已经跨出国界。随着中国的历代书画艺术受到世界各国艺术家和研究者的重视，一位某代的书画家，甚至某家一件名作，都会有人拿来作为专题加以研究，写出论文，传播于世界，板桥先生和他的作品当然也在其中。我曾在拙作《论书绝句》中赞颂板桥先生的那首诗后，写过一段小注，这是我对板桥先生的认识和衷心的感受。现在不避读者赐以“炒冷饭”之讥，再次抄在下边，敬请读者评量印可：

二百数十年来，人无论男女，年无论老幼，地无论南北，今更推而广之，国无论东西，而不知郑板桥先生之名者，未之有也。先生之书，结体精严，笔力凝重，而运用出之自然，点画不取矫饰，平视其并时名家，盖未见骨重神寒如先生者焉。

当其休官卖画，以游戏笔墨博鹾贾之黄金时，于是杂以篆隶，甚至谐称为六分半书，正其嬉笑玩世之所为，世人或欲考其余三分半书落于何处，此甘为古人侮弄而不自知古，宁不深堪悯笑乎?

先生之名高，或谓以书画，或谓以诗文，或谓以循绩，吾窃以为俱是而俱非也。盖其人秉刚正之性，而出以柔逊之行，胸中无不可言之事，笔下无不易解之辞，此其所以独绝今古者。

先生尝取刘宾客诗句刻为小印，文曰：“二十年前旧板桥。”觉韩信之赏淮阴少年，李广之诛灞陵醉尉，甚至项羽之喻衣锦昼行，俱有不及钤此小印时之躁释衿平者也。

板桥先生达观通脱，人所共知，自己在诗集之前有一段小叙云：“板桥诗文，最不喜求人作叙。求之王公大人，既以借光为可耻；求之湖海名流，必至含讥带荼，遭其荼毒而无可如何，总不如不叙为得也。”多么自重自爱！但还免不了有些投赠之作。但观集中所投赠的人，所称赞的话，都是有真值得他称赞的地方。绝没有泛泛应酬的诗篇。即如他对袁子才，更是真挚地爱其才华，见于当时的一些记录。出于衷心的佩服，自然不免有所称赞，也就才有投赠的诗篇。但诗集末尾，只存两句：“室藏美妇邻夸艳，君有奇才我不贫。”这又是什么缘故？袁氏《随园诗话》（卷九）有一条云：“兴化郑板桥作宰山东，与余从未识面。有误传余死者，板桥大哭，以足踏地，余闻而感焉。……板桥深于时文，工画，诗非所长。佳句云：‘月来满地水，云起一天山。’……”佳句举了三联，却说诗非所长，这矛盾又增加了我的好奇心。一九六三年在成都四川省博物馆见到一件板桥写的堂幅，是七律一首，云：

晨兴断雁几文人，错落江河湖海滨。抹去春秋自花实，逼来霜雪更枯�。女称绝色邻夸艳，君有奇才我不贫。不买明珠买明镜，爱他光怪是先秦。（款称：“奉赠简斋老先生，板桥弟郑燮。”）

按：“女称绝色”原是比喻，衬托“君有奇才”的。但那时候人家的闺阁中人是不许可评头论足的。“女称绝色”，确易被人误解是说对方的女儿。再看此诗，也确有许多词不达意处，大约正是孔子所说“有所好乐则不得其正”的。“诗非所长”的评语大概即指这类作品，而不是指“月来满地水”那些佳句。可能作者也有所察觉，所以集中只收两句，上句还是改作的。当时妾媵可以赠给朋友，夸上几句，是与夸“女公子”有所不同的。科举时代，入翰林院的人，无论年龄大小，都被称老先生，以年龄论，郑比袁还大着二十二岁，这在今日也须解释一下的。

还有一事，也是袁子才误传的。《随园诗话》卷六有一条云：“郑板桥爱徐青藤诗，尝刻一印云‘徐青藤门下走狗’。”又云：“童二树亦重青藤，题青藤小像云：‘尚有一灯传郑燮，甘心走狗列门墙’。”其后有几家的笔记都沿袭了这个说法。今天我们看到了若干板桥书上的印章，只有“青藤门下牛马走”一印。“牛马走”是司马迁自己的谦称，他既承袭父亲的职业，做了太史令，仍自谦说只是太史衙门中的一名走卒，板桥自称是徐青藤门下的走卒，是活用典故，童钰诗句，因为这个七言句中，实在无法嵌人“牛马走”三字。而袁氏即据此诗句，说板桥刻了这样词句的印章，可说是未达一间。对于以上二事，我个人的看法是：板桥一向自爱，但这次由于爱才心切，主动地对“文学权威”、翰林出身的袁子才作了词不达意的一首诗，落得了“诗非所长”，又被自负博学的袁子才误解“牛马走”为“走狗”，这就不能不说板桥也有咎由自取之处了。袁子才的诗文，我们不能不钦佩，他的处世方法，也不能说“门槛不精”。他对两江总督尹继善，极尽巴结之能事，但尹氏诗中自注说“子才非请不到”，两相比较，郑公就不免天真多于世故了。

一九九三年七月十七日

记齐白石先生轶事

齐白石先生的名望，可以说是举世周知的，不但中国人都熟悉，在世界各国中，也不是陌生人。他的篆刻、绘画、书法、诗句，都各有特点，用不着在这里多加重复叙述。现在要写的，只是我个人接触到的几件轶事，也就是老先生生活中的几个侧面，从这里可以看到他的生活、风趣，对于从旁印证他的性格和艺术的特点，大概也不是没有点滴的帮助吧！

我有一位远房的叔祖，是个封建官僚，曾买了一批松柏木材，就开起棺材铺来。齐先生有一口“寿材”，是他从家乡带到北京来的，摆在跨车胡同住宅正房西间窗户外的廊子上，棺上盖着些防雨的油布，来的客人常认为是个长案子或大箱子之类的东西。一天老先生与客人谈起棺材问题，说道“我这一个……”如何如何，便领着客人到廊子上揭开油布来看，我才吃惊地知道了那是一口棺材。这时他已经委托我的这位叔祖另做好木料的新寿材，尚未做成，这旧的也还没有换掉。后来新的做成，也没放在廊上，廊上摆着的还是那个旧的。客人对于此事，有种种不同的评论，有人认为老先生好奇，有人认为是一种引人注意的“噱头”，有人认为是“达观”的表现。后来我到过了湖南的农村，才知道这本是先生家乡的习惯，人家有老人，预制寿材，有的做出板来，有的做成棺材，往往放在户外窗下，并没什么稀奇。那时我以一个生长在北京城的青年，自然不会不“少见多怪”了。

我的认识齐先生，即是由我这位叔祖的介绍，当时我年龄只有十七八岁。我自幼喜爱画画，这时已向贾羲民先生学画，并由贾先生介绍向吴镜汀先生请教。对于齐先生的画，只听说是好，至于怎么好，应该怎么学，则是茫然无所知的。我那个叔祖因为看见齐先生的画大量卖钱，就以为只要画齐先生那样的画便能卖钱，他却没想，他自己做的棺材能卖钱，是因为它是木头做的，如果是纸糊的即使样式丝毫不差，也不会有人买去做秘器。即使是用澄心堂、金粟山纸糊的也没什么好看，如果用金银铸造，也没人抬得动啊！

齐先生大于我整整五十岁，对我很优待，大约老年人没有不喜爱孩子的。我有一段较长时间没去看他，他向胡佩衡先生说：“那个小孩怎么好久不来了？”我现在的年龄已经超过了齐先生初次接见我时的年龄，回顾我在艺术上无论应得多少分，从齐先生学了没有，即由于先生这一句殷勤的垂问，也使我永远不能不称他老先生是我的一位老师！

齐先生早年刻苦学习的事，大家已经传述很多，在这里我想谈两件重要的文物，也就是齐先生刻苦用功的两件“物证”：一件是用油竹纸描的《芥子园画谱》，一件是用油竹纸描的《二金蝶堂印谱》。那本画谱，没画上颜色，可见当时根据的底本并不是套版设色的善本。即那一种多次重翻的印本，先生描写得也一丝不苟，连那些枯笔破锋，都不“走样”。这本，可惜当时已残缺不全。尤其令人惊叹的是那本赵之谦的印谱，我那时虽没见过许多印谱，但常看蘸印泥打印出来的印章，它们与用笔描成的有显著的差异，而宋元人用的墨印，却完全没有见过。当我打开先生手描的那本印谱时，惊奇地、脱口而出地问了一句话：“怎么？还有黑色印泥呀？”及至我得知是用笔描成的，再仔细去看，仍然看不出笔描的痕迹。惭愧啊！我少年时学习的条件不算不苦，但我竟自有两部《芥子园画谱》。一部是巢勋重摹的石印本，一部是翻刻的木板本，我从来没有从头至尾临仿过一次。今天齐先生的艺术创作，保存在国内外各个博物馆中，而我在中年青年时也曾有些绘画作品，即使现在偶然有所存留，将来也必然与我的骨头同归腐朽。诸位青年朋友啊，这个客观的真理，无情的事例，是多么值得深思熟虑的啊！这里我也要附带说明，艺术的成就，绝不是单靠照猫画虎地描摹，我也不是在这里提倡描摹，我只是要说明齐老先生在青年时得到参考书的困难，偶然借到了，又是如何仔细地复制下来，以备随时翻阅借鉴，在艰难的条件下是如何刻苦用功的。他那种看去横涂竖抹的笔画，又是怎样走过精雕细琢的道路的。我也不是说这种精神只有齐先生在清代末年才有，即如在浩劫中，我们学校里有不少同学偷偷地借到几本参考书，没日没夜地抄成小册后，还订成硬皮包脊的精装小册，这岂能不说是那些罪人们灭绝民族文化罪恶企图意外的相反后果呢！

齐先生送给过我一册影印手写的《借山吟馆诗草》，有樊樊山先生题签，还有樊氏手写的序。册中齐先生抄诗的字体扁扁的，点画肥肥的，和有正书局影印的金冬心自书诗稿的字迹风格完全一样。那时王壬秋先生已逝，齐先生正和樊山先生往来，诗草也是樊山选定的。齐先生说："我的画，樊山说像金冬心，还劝我也学冬心的字，这册即是我学冬心字体所写的。"其实先生学金冬心还不止抄诗稿的字体，金有许多别号，齐先生也曾一一仿效。金号"三百砚田富翁"，齐号"三百石印富翁"，金号"心出家庵粥饭僧"，齐号"心出家庵僧”，亦步亦趋，极见“相如慕蔺”之意。但微欠考虑的是：田多为富，印多为贵，兼官多的人，当然俸禄多，但自古官僚们却都讳言因官致富，大概是怕有贪污的嫌疑。如果称“三百石印贵人”，岂不更为恰当。又粥饭僧是寺院中的服务人员，熬粥做饭，在和尚中地位是最为卑下的。去了“粥饭”二字，地位立刻提高了。老先生自称木匠，而不甘做粥饭僧，似尚未达一间。金冬心又有“稽留山民”的别号，齐先生则有“杏子坞老民”之号，就无从知是模拟还是另起的了。金冬心别号中最怪的是“苏伐罗吉苏伐罗”，因冬心又名“金古金”，“苏伐罗”是外来语“金”的音译，把两个译音字夹着一个汉字“吉”字来用，竟使得齐老先生束手无策。胆大如斗的齐先生，还没敢用“齐怀特斯动”（“怀特斯动”是英语“白石”二字音译）。我还记得，当年我双手捧过先生面赐的那本《借山吟馆诗草》后，又听先生讲了如何学金冬心的画和字，我就问了一句：“先生的诗也必学金冬心了。”先生说：“金冬心的诗并不好，他的词好。”我当时只有一小套石印的《金冬心集》，里边没有词，我忙向先生请教到哪里去找冬心的词。先生回答说：“他是博学鸿词啊！”

齐先生对于写字，是不主张临帖的。他说字就那么写去，爱怎么写就怎么写。他又说碑帖里只有李邕的《云麾李思训碑》最好。他家里挂着一副宋代陈抟写的对联拓本：“开张天岸马，奇逸人中龙。抟（下有“图南”印章）。”这联的字体是北魏《石门铭》的样子，这十个字也见于《石门铭》里。但是扩大临写的，远看去，很似康南海写的。老先生每每对人夸奖这副对联写的怎么好，还说自己学过多次总是学不好，以说明这联上字的水平之高。我还看见过齐先生中年时用篆书写的一副联：“老树著花偏有态，春蚕食叶例抽丝。”笔画圆润饱满，转折处交代分明，一个个字，都像老先生中年时刻的印章，又很像吴让之刻的印章，也像吴昌硕中年学吴让之的印章。又曾见到他四十多岁时画的山水，题字完全是何子贞样。我才知道老先生曾用过什么工夫。他教人爱怎么写就怎么写的理论，是他老先生自己晚年想要融化从前所学的，也可以说是想摆脱从前所学的，是他内心对自己的希望。当他对学生说出时，漏掉了前半。好比一个人消化不佳时，服用药物，帮助消化。但吃的并不甚多，甚至还没吃饱的人，随便服用强烈的助消化剂，是会发上营养不良症的。

有一次我向老先生请教刻印的问题，先生到后边屋中拿出一块寿山石章，印面已经磨平，放在画案上。又从案面下面的一层支架上掏出一本翻得很旧的《六书通》，查了一个“迟”字，然后拿起墨笔在印面上写起反的印文来，是“齐良迟”三个字。写成了，对着案上立着的一面小镜子照了一下，镜中的字都是正的，用笔修改了几处，即持刀刻起来。一边刻一边向我说："人家刻印，用刀这么一来，还那么一来，我只用刀这么一来。"讲说时，用刀在空中比画。即是每一笔画，只用刀在笔画的一侧刻下去，刀刃随着笔画的轨道走去就完了。刻成后的笔画，一侧是光光溜溜的，另一侧是剥剥落落的。即是所谓的"单刀法"。所说的"还那么一来"，是指每笔画下刀的对面一边也刻上一刀。这方印刻完了，又在镜中照了一下，修改几处，然后才蘸印泥打出来看，这时已不再作修改了。然后刻"边款"，是"长儿求宝"，下落自己的别号。我自幼听说过：刻印熟练的人，常把印面用墨涂满，就用刀在黑面上刻字，如同用笔写字一般。这个说法，流行很广，我却没有亲眼见过。我在未见齐先生刻印前，我想象中必应是幼年听到的那类刻法，又见齐先生所刻的那种大刀阔斧的作风，更使我预料将会看到那种"铁笔"在黑色石面上写字的奇迹。谁知看到了，结果却完全两样，他那种小心的态度，反而使我失望，遗憾没有看到那样铁笔写字的把戏。这是我青年时的幼稚想法，如今渐渐老了，才懂得：精心用意地做事，尚且未必都能成功；而鲁莽灭裂地做事，则绝对没有能够成功的。这又岂但刻印一艺是如此。齐先生画的特点，人所共见，亲见过先生作画的，就不如只见到先生作品的那么多了。一次我看到先生正在作画，画一个渔翁，手提竹篮，肩荷钓竿，身披蓑衣，头戴箬笠，赤着脚，站在那里，原是先生常画的一幅稿本。那天先生铺开纸，拿起炭条，向纸上仔细端详。然后一一画去。我当时的感想正和初见先生刻印时一样，惊讶的是先生画笔那样毫无拘束，造型又那么不求形似，满以为临纸都是信手一挥，没想到起草时，却是如此精心！当用炭条画到膝下小腿到脚趾部分时，只见画了一条长勾短股的九十度的线条，又和这条线平行着另画一个勾股。这时忽然抬头问我："你知道什么是大家，什么是名家吗？"我当时只曾在《桐阴论画》上见到秦祖永评论明清画家时分过这两类，但不知怎么讲，以什么为标准。既然说不出具体答案来，只好回答："不知道。"先生说："大家画，画脚，不画踝骨，就这么一来，名家就要画出骨形了。"说罢，然后在这两道平行的勾股线勾的一端画上四个小短笔，果然是五个脚趾的一双脚。我从这时以后，大约二十多年，才从八股文的选本上见到大家名家的分类，见列八股选本上的眉批和夹批，才了然《桐阴论画》中不但分大家名家是从八股选本中来的，即眉批夹批也是从那里学来的。齐先生虽然生在晚清，但没听说学做过八股，那么无疑也是看了《桐阴论画》的。

一次谈到画山水，我请教学哪一家好，还问老先生自己学哪一家。老先生说：“山水只有大涤子（即石涛）画的好。”我请教好在哪里？老先生说：“大涤子画的树最直，我画不到他那样。”我听着有些不明白，就问：“一点都没有弯曲处吗？”先生肯定地回答说：“一点都没有的。”我又问当今还有谁画的好？先生说：“有一个瑞光和尚，一个吴熙曾（吴镜汀先生名熙曾），这两个人我最怕。瑞光画的树比我画的直，吴熙曾学大涤子的画我买过一张。”后来我问起吴先生，先生说确有一张画，是仿石涛的，在展览会上为齐先生买去。从这里可见齐先生如何认为“后生可畏”而加以鼓励的。但我自那时以后，很长时间，看到石涛的画，无论在人家壁上的，还是在印本画册上的，我都怀疑是假的。旁人问我的理由，我即提出“树不直”。

齐先生最佩服吴昌硕先生，一次屋内墙上用图钉钉着一张吴昌硕的小幅，画的是紫藤花。齐先生跨车胡同住宅的正房南边有一道屏风门，门外是一个小院，院中有一架紫藤，那时正在开花。先生指着墙上的画说：“你看，哪里是他画得像葡萄藤（先生称紫藤为葡萄藤，大约是先生家乡的话），分明是葡萄藤像它呀！”姑且不管葡萄藤与画谁像谁，但可见到齐先生对吴昌硕是如何的推重的。我们问起齐先生是否见过吴昌硕，齐先生说两次到上海，都没有见着。齐先生曾把石涛的“老夫也在皮毛类”一句诗刻成印章，还加跋说明，是吴昌硕有一次说当时学他自己的一些皮毛就能成名。当然吴所说的并不会是专指齐先生，而齐先生也未必因此便多疑是指自己，我们可以理解，大约也和郑板桥刻“青藤门下牛马走”印是同一自谦和服善吧！

齐先生在出处上是正义凛然的，抗日战争后，伪政权的“国立艺专”送给他聘书，请他继续当艺专的教授，他老先生即在信封上写了五个字“齐白石死了”，原封退回。又一次伪警察挨户要出人，要出钱，说是为了什么事。他和齐先生表白他没叫齐家出人出钱，因此便提出要齐先生一幅画，先生大怒，对家里人说：“找我的拐杖来，我去打他。”那人听到，也就跑了。

齐先生有时也有些旧文人自造“佳话”的兴趣。从前北京每到冬天有菜商推着手推独轮车，卖大白菜，用户选购，作过冬的储存菜，每一车菜最多值不到十元钱。一次菜车走过先生家门，先生向卖菜人说明自己的画能值多少钱，自己愿意给他画一幅白菜，换他一车白菜。不料这个“卖菜佣”并没有“六朝烟水气”，也不懂一幅画确可以抵一车菜而有余，他竟自说：“这个老头儿真没道理，要拿他的假白菜换我的真白菜。”如果这次交易成功，于是“画换白菜”、“画代钞票”等等佳话，即可不胫而走。没想到这方面的佳话并未留成，而卖菜商这两句煞风景的话，却被人传为谈资。从语言上看，这话真堪入《世说新语》；从哲理上看，画是假白菜，也足发人深思。明代收藏《清明上河图》的人如果参透这个道理，也就不致有那场祸患。可惜的是这次佳话，没能属于齐先生，却无意中为卖菜人所享有了。

国家新闻出版广电总局
首届向全国推荐中华优秀传统文化普及图书

大家小书书目

国学救亡讲演录	章太炎　著　蒙　木　编
门外文谈	鲁　迅　著
经典常谈	朱自清　著
语言与文化	罗常培　著
习坎庸言校正	罗　庸　著　杜志勇　校注
鸭池十讲（增订本）	罗　庸　著　杜志勇　编订
古代汉语常识	王　力　著
国学概论新编	谭正璧　编著
文言尺牍入门	谭正璧　著
日用交谊尺牍	谭正璧　著
敦煌学概论	姜亮夫　著
训诂简论	陆宗达　著
金石丛话	施蛰存　著
常识	周有光　著　叶　芳　编
文言津逮	张中行　著
经学常谈	屈守元　著
国学讲演录	程应镠　著
英语学习	李赋宁　著
中国字典史略	刘叶秋　著
语文修养	刘叶秋　著
笔祸史谈丛	黄　裳　著
古典目录学浅说	来新夏　著
闲谈写对联	白化文　著
汉字知识	郭锡良　著
怎样使用标点符号（增订本）	苏培成　著
汉字构型学讲座	王　宁　著

诗境浅说	俞陛云　著
唐五代词境浅说	俞陛云　著
北宋词境浅说	俞陛云　著
南宋词境浅说	俞陛云　著
人间词话新注	王国维　著　滕咸惠　校注
苏辛词说	顾　随　著　陈　均　校
诗论	朱光潜　著
唐五代两宋词史稿	郑振铎　著
唐诗杂论	闻一多　著
诗词格律概要	王　力　著
唐宋词欣赏	夏承焘　著
槐屋古诗说	俞平伯　著
词学十讲	龙榆生　著
词曲概论	龙榆生　著
唐宋词格律	龙榆生　著
楚辞讲录	姜亮夫　著
读词偶记	詹安泰　著
中国古典诗歌讲稿	浦江清　著 浦汉明　彭书麟　整理
唐人绝句启蒙	李霁野　著
唐宋词启蒙	李霁野　著
唐诗研究	胡云翼　著
风诗心赏	萧涤非　著　萧光乾　萧海川　编
人民诗人杜甫	萧涤非　著　萧光乾　萧海川　编
唐宋词概说	吴世昌　著
宋词赏析	沈祖棻　著
唐人七绝诗浅释	沈祖棻　著
道教徒的诗人李白及其痛苦	李长之　著
英美现代诗谈	王佐良　著　董伯韬　编
闲坐说诗经	金性尧　著
陶渊明批评	萧望卿　著

古典诗文述略	吴小如　著
诗的魅力	
——郑敏谈外国诗歌	郑　敏　著
新诗与传统	郑　敏　著
一诗一世界	邵燕祥　著
舒芜说诗	舒　芜　著
名篇词例选说	叶嘉莹　著
汉魏六朝诗简说	王运熙　著　董伯韬　编
唐诗纵横谈	周勋初　著
楚辞讲座	汤炳正　著
	汤序波　汤文瑞　整理
好诗不厌百回读	袁行霈　著
山水有清音	
——古代山水田园诗鉴要	葛晓音　著
红楼梦考证	胡　适　著
《水浒传》考证	胡　适　著
《水浒传》与中国社会	萨孟武　著
《西游记》与中国古代政治	萨孟武　著
《红楼梦》与中国旧家庭	萨孟武　著
《金瓶梅》人物	孟　超　著　张光宇　绘
水泊梁山英雄谱	孟　超　著　张光宇　绘
水浒五论	聂绀弩　著
《三国演义》试论	董每戡　著
《红楼梦》的艺术生命	吴组缃　著　刘勇强　编
《红楼梦》探源	吴世昌　著
《西游记》漫话	林　庚　著
史诗《红楼梦》	何其芳　著
	王叔晖　图　蒙　木　编
细说红楼	周绍良　著
红楼小讲	周汝昌　著　周伦玲　整理

曹雪芹的故事	周汝昌　著　周伦玲　整理
古典小说漫稿	吴小如　著
三生石上旧精魂 ——中国古代小说与宗教	白化文　著
《金瓶梅》十二讲	宁宗一　著
中国古典小说十五讲	宁宗一　著
古体小说论要	程毅中　著
近体小说论要	程毅中　著
《聊斋志异》面面观	马振方　著
《儒林外史》简说	何满子　著

我的杂学	周作人　著　张丽华　编
写作常谈	叶圣陶　著
中国骈文概论	瞿兑之　著
谈修养	朱光潜　著
给青年的十二封信	朱光潜　著
论雅俗共赏	朱自清　著
文学概论讲义	老　舍　著
中国文学史导论	罗　庸　著　杜志勇　辑校
给少男少女	李霁野　著
古典文学略述	王季思　著　王兆凯　编
古典戏曲略说	王季思　著　王兆凯　编
鲁迅批判	李长之　著
唐代进士行卷与文学	程千帆　著
说八股	启　功　张中行　金克木　著
译余偶拾	杨宪益　著
文学漫识	杨宪益　著
三国谈心录	金性尧　著
夜阑话韩柳	金性尧　著
漫谈西方文学	李赋宁　著
历代笔记概述	刘叶秋　著

周作人概观	舒　芜　著
古代文学入门	王运熙　著　董伯韬　编
有琴一张	资中筠　著
中国文化与世界文化	乐黛云　著
新文学小讲	严家炎　著
回归，还是出发	高尔泰　著
文学的阅读	洪子诚　著
中国文学1949—1989	洪子诚　著
鲁迅作品细读	钱理群　著
中国戏曲	么书仪　著
元曲十题	么书仪　著
唐宋八大家 ——古代散文的典范	葛晓音　选译

辛亥革命亲历记	吴玉章　著
中国历史讲话	熊十力　著
中国史学入门	顾颉刚　著　何启君　整理
秦汉的方士与儒生	顾颉刚　著
三国史话	吕思勉　著
史学要论	李大钊　著
中国近代史	蒋廷黻　著
民族与古代中国史	傅斯年　著
五谷史话	万国鼎　著　徐定懿　编
民族文话	郑振铎　著
史料与史学	翦伯赞　著
秦汉史九讲	翦伯赞　著
唐代社会概略	黄现璠　著
清史简述	郑天挺　著
两汉社会生活概述	谢国桢　著
中国文化与中国的兵	雷海宗　著
元史讲座	韩儒林　著

魏晋南北朝史稿	贺昌群　著
汉唐精神	贺昌群　著
海上丝路与文化交流	常任侠　著
中国史纲	张荫麟　著
两宋史纲	张荫麟　著
北宋政治改革家王安石	邓广铭　著
从紫禁城到故宫 ——营建、艺术、史事	单士元　著
春秋史	童书业　著
明史简述	吴　晗　著
朱元璋传	吴　晗　著
明朝开国史	吴　晗　著
旧史新谈	吴　晗　著　习　之　编
史学遗产六讲	白寿彝　著
先秦思想讲话	杨向奎　著
司马迁之人格与风格	李长之　著
历史人物	郭沫若　著
屈原研究（增订本）	郭沫若　著
考古寻根记	苏秉琦　著
舆地勾稽六十年	谭其骧　著
魏晋南北朝隋唐史	唐长孺　著
秦汉史略	何兹全　著
魏晋南北朝史略	何兹全　著
司马迁	季镇淮　著
唐王朝的崛起与兴盛	汪　篯　著
南北朝史话	程应镠　著
二千年间	胡　绳　著
论三国人物	方诗铭　著
辽代史话	陈　述　著
考古发现与中西文化交流	宿　白　著
清史三百年	戴　逸　著

清史寻踪	戴　逸　著
走出中国近代史	章开沅　著
中国古代政治文明讲略	张传玺　著
艺术、神话与祭祀	张光直　著
	刘　静　乌鲁木加甫　译
中国古代衣食住行	许嘉璐　著
辽夏金元小史	邱树森　著
中国古代史学十讲	瞿林东　著
历代官制概述	瞿宣颖　著
宾虹论画	黄宾虹　著
中国绘画史	陈师曾　著
和青年朋友谈书法	沈尹默　著
中国画法研究	吕凤子　著
桥梁史话	茅以升　著
中国戏剧史讲座	周贻白　著
中国戏剧简史	董每戡　著
西洋戏剧简史	董每戡　著
俞平伯说昆曲	俞平伯　著　陈　均　编
新建筑与流派	童　寯　著
论园	童　寯　著
拙匠随笔	梁思成　著　林　洙　编
中国建筑艺术	梁思成　著　林　洙　编
沈从文讲文物	沈从文　著　王　风　编
中国画的艺术	徐悲鸿　著　马小起　编
中国绘画史纲	傅抱石　著
龙坡谈艺	台静农　著
中国舞蹈史话	常任侠　著
中国美术史谈	常任侠　著
说书与戏曲	金受申　著
世界美术名作二十讲	傅　雷　著

中国画论体系及其批评　　李长之　著
金石书画漫谈　　启　功　著　赵仁珪　编
吞山怀谷
　　——中国山水园林艺术　　汪菊渊　著
故宫探微　　朱家溍　著
中国古代音乐与舞蹈　　阴法鲁　著　刘玉才　编
梓翁说园　　陈从周　著
旧戏新谈　　黄　裳　著
民间年画十讲　　王树村　著　姜彦文　编
民间美术与民俗　　王树村　著　姜彦文　编
长城史话　　罗哲文　著
天工人巧
　　——中国古园林六讲　　罗哲文　著
现代建筑奠基人　　罗小未　著
世界桥梁趣谈　　唐寰澄　著
如何欣赏一座桥　　唐寰澄　著
桥梁的故事　　唐寰澄　著
园林的意境　　周维权　著
万方安和
　　——皇家园林的故事　　周维权　著
乡土漫谈　　陈志华　著
现代建筑的故事　　吴焕加　著
中国古代建筑概说　　傅熹年　著

简易哲学纲要　　蔡元培　著
大学教育　　蔡元培　著
　　北大元培学院　编
老子、孔子、墨子及其学派　　梁启超　著
春秋战国思想史话　　嵇文甫　著
晚明思想史论　　嵇文甫　著
新人生论　　冯友兰　著

中国哲学与未来世界哲学	冯友兰　著
谈美	朱光潜　著
谈美书简	朱光潜　著
中国古代心理学思想	潘　菽　著
新人生观	罗家伦　著
佛教基本知识	周叔迦　著
儒学述要	罗　庸　著　杜志勇　辑校
老子其人其书及其学派	詹剑峰　著
周易简要	李镜池　著　李铭建　编
希腊漫话	罗念生　著
佛教常识答问	赵朴初　著
维也纳学派哲学	洪　谦　著
大一统与儒家思想	杨向奎　著
孔子的故事	李长之　著
西洋哲学史	李长之　著
哲学讲话	艾思奇　著
中国文化六讲	何兹全　著
墨子与墨家	任继愈　著
中华慧命续千年	萧萐父　著
儒学十讲	汤一介　著
汉化佛教与佛寺	白化文　著
传统文化六讲	金开诚　著　金舒年　徐令缘　编
美是自由的象征	高尔泰　著
艺术的觉醒	高尔泰　著
中华文化片论	冯天瑜　著
儒者的智慧	郭齐勇　著
中国政治思想史	吕思勉　著
市政制度	张慰慈　著
政治学大纲	张慰慈　著
民俗与迷信	江绍原　著　陈泳超　整理

政治的学问	钱端升　著　钱元强　编
从古典经济学派到马克思	陈岱孙　著
乡土中国	费孝通　著
社会调查自白	费孝通　著
怎样做好律师	张思之　著　孙国栋　编
中西之交	陈乐民　著
律师与法治	江　平　著　孙国栋　编
中华法文化史镜鉴	张晋藩　著
新闻艺术（增订本）	徐铸成　著
经济学常识	吴敬琏　著　马国川　编
中国化学史稿	张子高　编著
中国机械工程发明史	刘仙洲　著
天道与人文	竺可桢　著　施爱东　编
中国医学史略	范行准　著
优选法与统筹法平话	华罗庚　著
数学知识竞赛五讲	华罗庚　著
中国历史上的科学发明（插图本）	钱伟长　著

出版说明

“大家小书”多是一代大家的经典著作，在还属于手抄的著述年代里，每个字都是经过作者精琢细磨之后所拣选的。为尊重作者写作习惯和遣词风格、尊重语言文字自身发展流变的规律，为读者提供一个可靠的版本，“大家小书”对于已经经典化的作品不进行现代汉语的规范化处理。

提请读者特别注意。

北京出版社